ORGANIZATION DEVELOPMENT 02

단단한 기획

ORGANIZATION DEVELOPMENT 02

단단한 기획

실행으로 이어지는 기획서

박혁종 지음

탁월한 기획서는 메시지, 논리, 표현이 다르다

차례

프롤로그 / 009

인트로 —————————————————— 013

1부
메시지

1	핵심 질문에 답하라 —————————————	033
2	기획서 맥락을 한눈에 잡아채는 '기획서 캔버스' ——	039
3	기획서를 바라보는 경영진의 요구 ———————	049
4	메시지 단계에서 생성형 AI 활용하기 —————	075
5	기획서 캔버스로 생성형 AI 활용 극대화하기 ———	087

2부

논리

1. '무엇을'보다 '왜'가 먼저입니다: Why-What-How — 095
2. 언제 어떤 보고서가 작동하는가?: 비즈니스 5대 문서 — 101
3. Impact와 Compact를 위한 목차 구성 — 113
4. 완성도를 높이는 기획서의 목차 설계 — 123
5. 베테랑 기획자의 프레임워크 따라잡기 — 135
6. 기획서에서 활용할 수 있는 메시지 3단 전개 — 145
7. 논리 단계에서 생성형 AI 활용하기 — 159

3부

표현

1	기획서는 '읽는 것'이 아니고 '보는 것'	167
2	베테랑 기획자의 메시지 표현 3원칙	173
3	빠르고 확실한 파악을 위한 '인식의 베이스 라인'	183
4	기획서 각 페이지의 5가지 구성 요소	193
5	확 꽂아주는 직구형 제목	199
6	기획서의 꽃! Lead Message	205
7	관계와 흐름을 표현하는 도형	215
8	Data to Chart, 수치를 관통하는 좋은 그래프	221
9	한 방에 읽히는 좋은 문장의 비법 7가지	229
10	정보를 배열하여 전시하는 '표(테이블)'	247
11	'표현' 단계에서 생성형 AI 활용하기	255

에필로그 / 261

프롤로그

　수많은 직장인들이 기획서를 작성하기 위해 시장 조사를 하고, 콘셉트를 한 줄로 정의하고, 갖가지 실행 전략을 세우며 노력하지만 종종 기획서의 방향을 잃곤 합니다. 기획서를 쓸 때마다 막막하다는 것은 생각이 정리되어 있지 않다는 것이고, 메시지들이 중구난방이라는 것은 논리력이 떨어진다는 것입니다. 게다가 어떻게 서술하고 표현해야 할지 확신이 없다는 것은 표현의 기본 원칙에 대해 무지하다는 것입니다.

　최근 생성형 AI가 비즈니스 현장에서 급부상하고 있습니다. 하지만 우리는 아직 기획서 작성을 위한 사용 방법을 잘 모릅니다. 그래서 더 걱정입니다. "김 책임이 AI를 활용하면 기획서를 잘 쓸 수 있다고 하던데…", "유튜브에서는 AI를 활용하면 기획서 작성 시간을 줄일 수 있다고 하던데…."

　맞습니다. 생성형 AI는 기획서 작성에 들어가는 품을 현저히 줄여줄 수 있습니다. 하지만 누구에게나 그렇지는 않다는 점을 간과해서는 안 됩니다. 생성형 AI는 요술 램프 지니^{Genie}가 아니라, 증폭기Amplifier입니다.

"~에 대한 기획서 써줘", "~에 대한 기획서를 보완해줘"와 같은 기대가 현실에 그대로 작동하지 않습니다. 본인이 원하는 것이 정확하게 무엇이고 누구에게 어떤 맥락으로 접근할 것인지 불분명하면 배가 산으로 갑니다. 생성형 AI는 더 빠른 속도로 배를 산으로 올릴 것입니다. "아는 만큼 보인다"는 말이 딱 들어맞는 지금입니다. 기획서를 잘 쓸 수 있는 사람이 생성형 AI를 만났을 때 그 능력과 시야가 증폭되고 효율이 몇 배가 됩니다.

생성형 AI가 나왔으니 기획서 쓰는 것을 맡기면 되겠다는 생각은 너무 위험하고 무책임합니다. 컨설팅 회사와 프로젝트를 할 때에도 최고의 파트너는 명확하게 현실을 알고 있고 원하는 바가 뚜렷한 고객입니다. 명석한 고객이 다양한 해결책과 분석 능력, 논리적 전개 능력을 가진 컨설턴트를 만나야 높은 성과가 나는 법입니다. 고객과 컨설턴트 둘 다 고수여야 합니다.

생성형 AI의 확대는 기획자의 능력을 완전히 드러낼 것이라 확신합니다. 얕은 수준의 기획자는 이제 기계에 대체됩니다. 클릭 한 번과 프롬프트 몇 번으로 그 사람을 대체할 수 있기 때문입니다.

베테랑 기획자는 기획과 기획서에 대한 관점이 뚜렷하고 본인이 원하는 그림이 날카롭습니다. 그런 사람이 생성형 AI를 활용하면 훨훨 날게 됩니다. 그래서 이 책은 기획서의 원조, 기초 체력을 다루면서 생성형 AI를 활용하는 노하우를 양념처럼 넣었습니다. 본인의 내공을 먼저 키우고, 생성형 AI를 조수(Agency)로 활용하기 바랍니다.

> *누구나 괜찮은 사람이고 싶은 것처럼*
> *누구나 괜찮은 기획서를 만들고 싶어 할 것입니다.*
> *당신도 그럴 것입니다.*
> *이 책이 당신의 기획서에 작은 변화를 일으키길 바랍니다.*

이 책을 인생의 벗 지은, 나의 미래인 두 아들 지혁, 은혁. 항상 믿어주시고 응원해주시는 양가 부모님과 가족들 그리고 하늘에서 저를 지켜주시는 사랑하는 아버지께 바칩니다.

박혁종

인트로

내 기획서가
엉망인 이유

혼자 일하는 사람은 없습니다. 이 책을 집어 든 당신은 회사나 조직에 속해 누군가와 함께 일할 것입니다. 소통하며 자신의 아이디어와 업무 결과를 상대에게 알려주기도 하고, 상대의 견해를 확인하기도 합니다. 물론 '말'로 소통할 수 있지만 말은 금세 그 메시지가 증발하며 상대가 오해할 확률이 높고, 정확성이 떨어집니다.

비즈니스 상황에서 모든 사람이 정확하게 이해하려면 결국 '글'로 소통해야 합니다. 글이 바로 이 책에서 다룰 기획서입니다. 새로운 사업, 새로운 제도, 새로운 서비스 등 기존에 없던 것을 시작하기 위해 협의하고 합의를 얻는 첫 관문이 바로 '기획서'입니다.

기획서를 통해 조직 내 합의를 정확히 얻어 낼 수 있고 머릿속에 그리는 미래 상황과 계획을 정확하게 정리할 수 있습니다. 더 나아가 미래 실행의 첨예함을 추구하며, 이뤄낸 성과가 나의 '공적'이라는 것을 증명할 수 있습니다. 기획서는 직장인의 프리미엄 시그니처인 셈입니다.

조직은 Outer Game입니다. 내면의 아이디어와 생각만으로는 부족합니다. 결국 표현하고 설득하는 사람이 이깁니다. 그렇기 때문에 우리는 말로 하는 것을 넘어 글로 남길 줄 알아야 합니다. 아이디어는 종이에 정리되어 있어야 현실이 됩니다. 자신의 능력을 머리와 가슴에 남겨두지 말고, 운에 맡기지 말아야 합니다. 그런데 수없이 밤을 새며 만든 기획서의 4분 1은 제대로 읽히지도 못합니다. 이런 애증의 기획서로 인해서 힘들어하는 직장인들이 묻습니다.

"완벽한 기획 문서를 쓰는 비결이 있나요?"
"한방에 결재받는 특별한 비결이 있나요?"

애석하지만 기획서를 잘 쓰는 데 왕도는 없습니다. 단 좋은 기획서의 특징 하나를 짚어보라면 기획서를 통해 "경영진의 직관을 건드릴 수 있어야 한다"는 점입니다.

> "훌륭한 경영진에게는 풍부한 시간이 없는 대신,
> 풍부한 직관이 있다."
>
> — 스티브 잡스

기획서의 궁극적인 목적은 경영진의 직관을 건드리고 움직이게 하는 것입니다. 그러려면 읽는 사람으로 하여금 최소한의 에너지만으로 읽을 수 있는 기획서를 만들어야 합니다. 포장하고 가꾸는 것에 힘을 빼고 거시적인 분석과 차별화된 솔루션을 담아내는 데 시간을 투자해야 합니다. 경영진은 읽기 쉽고, 자신이 궁금해하는 질문에 원활하게 답하는 기획서를 매력적이라고 느끼며, 결재하는 데도 더 관대해지고 너그러워집니다.

좋은 기획서의 특징을 더 명확하게 확인하는 방법은 나쁜 기획서의 상태를 이해하는 것입니다. 경영진의 짜증을 돋우는 8가지 특징만 피해도 최선은 아니어도 평균은 갑니다.

"어디서 본 것 같은데, 너무 일반적인데?"

예전에 썼던 문서의 파일을 받아서 날짜와 숫자만 바꾼 후 이를 기획서라 부르지 말아야 합니다. 이런 경우를 '사골기획서'라고 부릅니다. Ctrl C+Ctrl V 한 기획서는 부가가치가 없습니다. 실무 기획자의 의견과 회사에 특화된 분석이 있어야 합니다. **이번 사안에 대한 특별함**Specialty**, 우리 회사 상황만의 독특함**Unique**이 있어야 좋은 기획서입니다.** 특히 생성형 AI를 활용하여 기획서를 쓰다 보니 범용적인 내용으로 점철된 기획서가 너무 많습니다. 생성형 AI의 도움을 받더라도 나의 식견, 우리 회사만의 맥락적 상황을 반영해야만 좋은 기획서입니다.

"얕은 분석뿐이야."

기획서의 분석과 접근이 너무 협소하다는 말입니다. 실무자의 입장만 생각하고 거시적이지도 않고, 그렇다고 깊게 파고드는 것도 아닌 약한 기획서입니다. 뻔한 내용과 표면적 분석으로 작성된 기획서는 죄악입니다. **거시적이면서도 깊이 있는 분석**이 필요합니다. 경영진의 시간을 뺏으면서 당연한 소리 할 거면 하지 말아야 하고 구글링해서 나오는 내용을 짜 맞추려면 쓰지 말아야 하는 것이 기획서입니다.

"실무자의 생각이 없군."

기획서에 사실만 나열하지 마십시오. 사실관계만 정리한 기획서는 외주용역보고서에 가깝습니다. 팩트는 기본이고 이를 근간으로 우리 회사 입장, 지금 상황에서의 **해석과 견해가 병행**되어야 합니다. 남 얘기가 아닌 우리 회사 얘기가 나올 때부터 기획서는 부가가치를 냅니다.

"이거 책이야? 양만 많군."

쓸데없이 두툼한 기획서를 좋아하는 사람은 없습니다. **'품질Quality은 양Quantity에서 나온다'는 말이 있지만 이 말은 페이지의 분량이 아닌 생각의 분량에만 적용되는 말입니다.** 기획서에 분량이 많다는 것은 기획서의 핵심 알맹이가 빈약하다는 것을 반증합니다. 흡사 "뭘 좋아할지 몰라 한번 다 준비해봤어"라는 식의 접근입니다. 이는 상대의 시간을 뺏어가는 못된 행위입니다. 한 장은 아니더라도 최대한 콤팩트Compact하되 임팩트Impact를 유지해달라는 것이 경영진 대부분의 의견입니다. 오해하지는 마십시오. 짧은 기획서가 좋다고 하니, 중요한 내용까지 다 없애지 말아야 합니다. **경영진은 '압축'이 아니라 '함축'을 원합니다.**

"중언부언, 주절주절."

친절한 설명을 가장하여 같은 메시지를 다양한 방법으로 중복 구사하는 경우가 있습니다. 이건 친절한 게 아닙니다. 기획서가 너저분해지고 핵심이 묻히게 됩니다. 가장 강력한 메시지 몇 개만 골라서 정확하게 표현해야 합니다. 기획서의 문장은 꼭 유려하고 장황할 필요가 전혀 없습니다. **소리 내어 읽었을 때 매끄럽게 흘러가면 좋은 문장이고 좋은 메시지 연결입니다.**

"앞뒤가 안 맞잖아."

기획서에 두서頭緖가 없으면 안 됩니다. 앞뒤 이야기가 다르거나, 근거가 탄탄하지 못한 비약이 있어서는 안 됩니다. 예를 들어, 앞에서 A, B, C 문제를 얘기했으면 뒤에서도 A, B, C 문제에 대한 각

각의 해결방안이 제시되어야 합니다. **좋은 기획서는 메시지들이 서로 물고 물리면서 한 방향으로 흘러 갑니다.**

"촘촘해서 읽기 불편해."

사람은 읽기 편해야 읽습니다. 사람은 맥락으로 메시지를 읽습니다. 시선의 흐름을 중심으로 본인의 눈에 잘 보이는 메시지를 위주로 이해합니다. 그러므로 중요한 내용만 부각하고 나머지 내용은 덜 부각하여 보기 시원하게 만드는 편집이 매우 중요합니다. 진흙 속에 진주를 일부러 숨기지 말고 드러내야 합니다. 기획서를 읽는 동안 보물찾기를 원하는 경영진은 없습니다.

"단어가 생소해. 내용이 손에 안 잡혀."

기획서의 목적은 상대방을 설득시키는 것으로, 상대가 사용하는 단어를 써야 합니다. 실무자의 세계에서 쓰이는 기술 용어, 약어abbreviation, 略語를 기획서에 남용하지 마십시오. **경영진은 말 어렵게 쓰는 것을 싫어합니다.** 또한 형용사와 부사는 최대한 자제해야 합니다. **두루뭉술한 표현은 실행을 전제하지 못합니다.** 기획서는 무조건 실행의 모습이 보여야 합니다. 수치화된 문장으로 판단하고 책임질 수 있도록 선언하는 것이 좋은 기획서입니다. '전략적 진행', '체계적 대처', '효율적 추진'과 같은 뭉뚱그리는 표현에서 마무리되는 기획서가 죄악입니다.

기획서 작성을 위한 3단계 프로세스

다음 그림 중 A는 좌충우돌형 단계를 거친 기획서입니다. 궁극적 방향과 흐름을 모른 채 생각나는 대로 쓰는 타입입니다. B는 최단 거리의 각을 잡아가면서 차근차근 진도를 나아가며 써 내려간 기획서입니다. 원하는 기획서를 만들어내기 위한 공정 단계를 거치는 것입니다. 좋은 기획서를 작성하는 방법은 단연코 B입니다. 경영진의 직관을 건드리는 좋은 기획서는 그냥 나오지 않습니다.

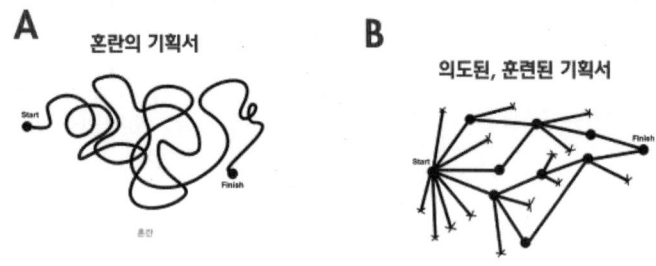

생각Thinking과 글쓰기Writing는 동시에 이루어지지 않습니다. 생각이 글쓰기보다 앞서야 좋은 기획서가 나옵니다. **"일단 써놓고 나중에 바꾸면 되겠지?" 대단한 착각입니다.** 이미 써 놓은 기획서를 다시 조정하고 바꾸는 작업이 훨씬 고통스럽다는 사실은 우리는 이미 잘 알고 있습니다.

기획서를 쓰기 전에 머릿속 생각이 80~90% 이상 정리되어 있어야 합니다. 나머지 10~20%는 쓰면서 충족되고 보완됩니다. 스치듯 나오는 생각, 불현듯 떠오르는 논리와 근거, 이상적인 단어 표현 등 머릿속에서 흘러 다니는 여러 가지 메시지가 깔끔하게 기획서로 옮겨지려면 프로세스를 거쳐야 합니다.

바로 **메시지-논리-표현 프로세스**입니다. 이는 좋은 기획서를 뽑아내는 3단계 작성 프로세스로 이 책의 프레임이기도 합니다. 이 책에서는 이 3단계 작성 프로세스를 어떻게 실현하는지 집중적으로 설명합니다. 어느 문서를 작성하든 이 프로세스만 지켜도 막막함은 사라질 것입니다. 물론 생성형 AI를 활용해서도 마찬가지입니다.

Step 1. 메시지 | 다채로운 분석과 생각을 통해 메시지 도출하기

먼저 쓰지 마십시오. 생각과 분석이 우선입니다. 일단 쓰면서 생각하고 그걸 다시 기획서에 엎어 넣겠다? 그러다가 뒤죽박죽됩니다. **세상에 일필휘지**一筆揮之**란 없습니다.** 충분히 고민해서 알맹이를 찾아낸 후 기록해야 합니다.

'메시지' 단계에서 제일 중요한 것은 폭넓은 검토와 깊이 있는 분석입니다. 어떤 것이 제일 중요한 메시지인지를 파헤치고 과제의 맥락을 분석하는 단계입니다. 기획서 작성에서 가장 큰 부가가치를 내는 단계입니다. 아무리 시간이 없다 하더라도 절대 건너뛰지 말아야 합니다.

Step 2. 논리 | 메시지의 뼈대와 구조, 맥락 형성하기

중요한 메시지들만 솎아낸 후에 여러 가지 메시지를 어떤 순서와 비중으로 전개할 것인지 선택하는 단계입니다. 구슬이 서말이어도 꿰어야 보배입니다. 베테랑 기획자들은 이 단계를 '기획서의 각角'을 잡는다고 표현하는데, 쉽게 말하면 기획서의 메시지 뼈대가 되는 목차를 형성하는 것입니다. 목차란 논리를 근간으로 메시지의 우선순위가 부여된 결과물입니다.

메시지 단계에서 여러 메시지를 모으는 것에 집중했다면 '논리' 단계에서는 취할 것은 취하고, 버릴 것은 버리고, 내세울 것은 더 내세워야 합니다. 메시지의 전후 맥락을 집중적으로 다듬고 무엇을 더 많이, 무엇을 더 먼저 보여줄지 구조와 배열을 정하는 것에 집중해야 합니다.

Step 3. 표현 | 메시지를 한 번에 보기 쉽게 표현하기

드디어 기획서를 속도감 있게 뽑아내는, 일명 '달려 나가는 작업'이 시작됩니다. 날것의 메시지는 이해도를 떨어뜨립니다. '표현' 단계에서는 메시지를 쉽게 볼 수 있도록 **기획서에 살**(문장, 도형, 그래프, 표)**을 붙이는 단계**입니다. 또한 **날것의 메시지를 더 숙성시키고 더 보기 쉽게 가공**하는 편집도 거쳐야 합니다.

생성형 AI는 효율,
인간은 안목

생성형 AI는 그동안 상상할 수 없었던 작업 속도와 지식의 활용을 가능하게 합니다. 이제 기획서를 쓰는 과정에서 생성형 AI를 잘 활용하는 것은 선택이 아닌 필수입니다. 하지만 오해해서는 안 됩니다.

AI가 기획서를 대신 써줄 수는 없다는 것!

인간의 주도를 기반으로 하고 AI의 도움과 확장이 여기에 덧붙는다는 명제를 잊지 마십시오.

많은 전문가들이 생성형 AI를 '천재 신입 사원', '똑똑한 인턴 사원'이라고 비유합니다. 정확한 비유입니다. **생성형 AI는 상황과 맥락을 알지 못합니다.** 생성형 AI는 기획서 작성의 물리적 속도가 빠르고 자료 수집의 범위와 정보의 조합과 추론을 잘 할 뿐입니다. 맥락을 알지 못하고 보이지 않는 조직의 정서와 미묘한 판단을 하지 못합니다.

다음 세 가지 생각을 가진 실무자들이 흔하게 보입니다. 이는 반은 맞고 반은 틀린 생각입니다.

첫째, 생성형 AI가 기획서를 쓸 줄 아니까 기획서 쓰는 법을 잘

몰라도 된다!

AI는 높아야 50점짜리 기획서를 쓸 뿐입니다. 인간의 정무적인 해석과 명확한 논리, 현명한 표현의 방식은 별도의 영역입니다. 생성형 AI는 물리적 현상을 가지고 움직이지만 기획서에는 화학적인 통합과 조정이 필수입니다.

단순히 쓰는 것만이 기획서가 아닙니다. 기획서는 성과 창출의 과정을 설계하는 청사진입니다. 현실 속에 존재하는 복합적인 현실 요소를 반영해야 합니다. 이는 생성형 AI에게는 넘을 수 없는 장벽이며, 인간의 영역입니다.

둘째, 일단 생성형 AI한테 초안 작업시키고 대충 내용 맞춰서 마사지하면 된다!

생성형 AI가 만드는 기획서의 초안은 내 것이 아닙니다. 지금 당면한 우리 회사만의 현실, 고객의 특징, 경영진의 의사결정 성향을 담지 못한 것은 내 것이 아닌 남의 기획서입니다. 기획서는 찍어내는 공산품이 아닙니다. 이 회사, 저 회사에도 모두에게 통용될 수 있는 범용적인 것은 기획서가 아닙니다. 기획서는 나, 우리만의 고유한 내용이 담겨야 합니다. 그것은 인간이 주도해야 가능합니다.

셋째, 프롬프트만 잘 던지면 좋은 기획서가 나올 것이다!

물론 정밀하고 좋은 프롬프트는 양질의 결과를 만들어냅니다. 좋은 프롬프트를 통해 생성형 AI가 잘 생각하게 하고 구체적으로 답변하게 할 수 있는 것은 사실입니다. 하지만 기획서를 AI에게 시키는 것이 중심이 되어서는 안 됩니다. 생성형 AI를 친구처럼 때로는 용역 업체처럼 활용하되 인간은 결과물에 대한 심사, 제어, 조정의 능력이 더 강해야 합니다.

원래 현실에서도 똑똑한 발주처가 능력 있는 외주 업체를 잘 관리하고 파트너십이 좋으며 더 큰 시너지를 내게 되어 있습니다. 스스로의 기준이 명확하게 있어야 잘 시키고, 결과물에 대한 정확한 검증과 심사를 하게 되어 있습니다. 생성형 AI는 프로세스의 효율을 내는 것이고, 인간은 목적을 달성하는 과정의 흐름을 주도하고 각 단계별 문지기 역할을 하는 것입니다. 인간은 단계마다 나오는 결과물을 매의 눈으로 검토하는 깐깐한 안목을 가져야 합니다. 그것이 실력입니다.

다음 그림을 보십시오.

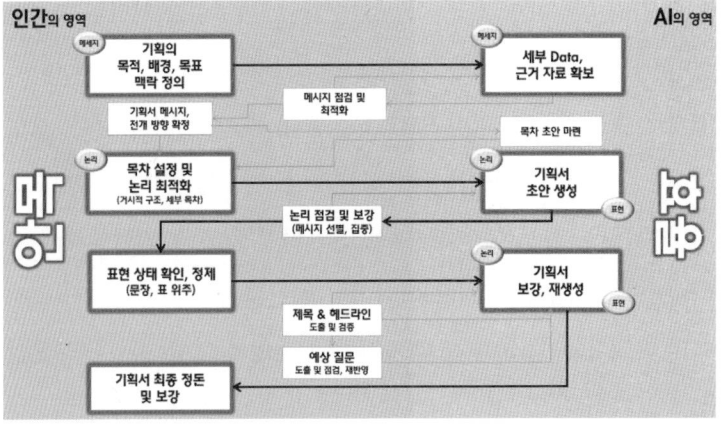

　기획서를 작성하는 과정에서 인간은 생성형 AI를 적극적으로 활용하되, '안목'을 가지고 있어야 합니다. 그래야 휘둘리지 않고 중심을 잡습니다. 생성형 AI는 인간의 미묘한 요구를 정확히 이해하고 인간이 원하는 기획서의 버전을 생성해주는 것입니다.

　마치 인간과 생성형 AI는 캐치볼을 하듯 생각을 주고받으면서 기획서를 원하는 방향으로 다듬어가는 것입니다. 캐치볼을 잘 하려면 잘 던져야 잘 받을 수 있습니다. 만약 상대가 던진 볼이 나에게 정확히 오지 않으면 약간 위치를 조정해서 받아야 합니다. 꼿꼿이 그 자리에 버티고 서 있으면 공을 받지 못합니다.

한 가지 명심해야 하는 것이 있습니다. **마무리는 인간의 고유한 몫이라는 점**입니다. 최종 점검, 문서적 표현에 있어 미묘한 어투, 정확한 표기 등의 조정은 인간의 감성과 이성이 필요합니다. 생성형 AI가 만든 것은 초안First Draft, 수정안, 재수정안Revised Draft일 뿐입니다. 최종 확정본Final Version은 인간의 손을 통해 만들어져야 합니다. 앞으로 생성형 AI가 어디까지 발전할지 모르겠지만 기획서의 처음과 끝은 결국 인간이 통제하고 책임져야 한다는 점은 자명한 사실입니다.

메시지 단계
맥락을 확인하고 판단하고 결정하는 것은 인간

자료를 모아오고 종합하는 것은 생성형 AI

논리 단계
논리적 흐름, 연결, 위계를 결정하는 것은 인간

지시된 논리를 바탕으로 메시지 구성과 초안을 도출하는 것은 생성형 AI

표현 단계
전달력이 높은 표현 상태의 검증, 조정, 최종 보강을 하는 것은 인간

문장, 표의 정확한 구사와 지시받은 사항을 반영한 재조정은 생성형 AI

　이 책은 기획서의 각 작업 단계별로 필요한 인간의 안목에 집중하여 소개할 예정입니다. 더불어 각 단계마다 생성형 AI를 좀 더 현명하게 활용하는 팁을 부연하겠습니다. 하지만 인간이 핵심 주체임을 잊지 말아주십시오. 생성형 AI에게 시키고 인간이 뒤로 빠져도 되는 기획서라면 아마도 이 책의 도움이 필요 없는 가벼운 과제일 것입니다.

1부

메시지

기획서를 쓰게 되는 첫 단계

무엇이든 성급하게 가는 게 가장 위험합니다.
당신의 기획서를 운에 맡기지 마십시오.
올바른 '방향'이 우선이고, '속도'는 나중입니다.
잘못된 '방향'에 '속도'가 붙어버리면 '재앙'이 옵니다.

작성 단계로 바로 들어가지 말기를 바랍니다.
기획서에 담길 알맹이를 볼 줄 아는 눈이 있어야 합니다.

생성형 AI가 분석하는 것을 도와주기는 합니다.
하지만 메시지 도출은 분석에만 그치지 않습니다.
맥락 캐치에 가깝습니다.
분석이 아닌 통찰이 필요합니다.
이는 진정한 사람의 영역입니다.
과제의 전후 흐름, 경영진의 기대, 위험한 장애물,
성과가 나는 포인트를 중심으로 탄력을 붙이고
추진하기 쉽지 않은 것은 숨아낼 줄 아는
실무자로서의 안목이 필요합니다.

1

핵심 질문에 답하라

 일반적으로 실무자가 팀장이 되고, 팀장이 경영진이 됩니다. 팀장이나 경영진은 실전 경험을 가진 나름 능력자였을 것입니다. 물론 오랫동안 기획서를 직접 쓰지 않았다 보니 실무자보다 표현력이나 정보 조사 능력이 취약하고, 쓰는 감$^{感, Feel}$이 많이 떨어질 것입니다. 단 업^{業}을 바라보는 직관이나 직무 상황을 바라보는 통찰은 상대적으로 실무자보다 더 높을 것입니다. '짬에서 나오는 바이브'라는 비속어가 괜히 있는 것이 아닙니다. 경영진들은 실무보다는 '판단'과 '직관'을 중심으로 회사 생활을 해야 하는 사람들입니다. 두 손이 근질근질해도 실무를 직접 뛰면 안 되는 것이 이들의 세상입니다.

  엑셀을 돌리면서 VLOOKUP을 걸고, 계산기를 두드리면서 총합을 확인하고, 파워포인트를 만드는 경영진을 본 적이 있습니까? 만약 경영진이 직접 실무를 뛰고 있다면 문제가 심각한 분입니다. 그렇다고 그들이 실무를 외면할 수도 없습니다. 실무를 직접 뛸 수도 없고, 외면할 수도 없고 경영진이 빠지는 딜레마입니다.

경영진이 실무 세계에 들어오는 방법은 바로 '예리한 질문'을 하는 것입니다.
"왜 경쟁사는 이 사업에 들어오지 않았지?"
"정말 우리에게 이 사업이 필요한 건가?"
"투자 비용은 어디에 집중되고, 어떤 방식으로 비용 절감이 가능하지?"

  이렇듯 경영진은 '좋은(예리하면서 유의미한) 질문'을 실무자에게 제시하면서 실무에 직접 개입하고 진두지휘합니다. 그런데 실무진으로부터 받은 기획서를 '읽으면 읽을수록 질문이 생긴다'고 가정해보십시오. 남의 생각과 의견을 빨리 알아채고 자신의 의견을 덧붙이고 결과에 책임 지기 위해 결재한다는 것은 생각보다 쉬운 일이 아닙니다.

실무진이 쓴 기획서의 사실 여부와 실현 가능성 등을 재차 확인해야 하고 앞뒤가 무너진 논리를 끼워 맞추면서 읽는 경영진의 입장도 상당히 처량합니다.

경영진은 자신의 중요한 질문에 대한 실무자의 해답을 기획서를 통해 듣고자 합니다. 기획서를 읽어 나갈수록 '상황-문제-해결 방향-실행 방법'에 대한 정보와 의견이 정리되어야 함은 당연합니다. 그러므로 과제의 최종책임자(결재권자)로서 생기는 여러 질문이 순서대로 해결되는 것이 가장 좋은 기획서 상태입니다.

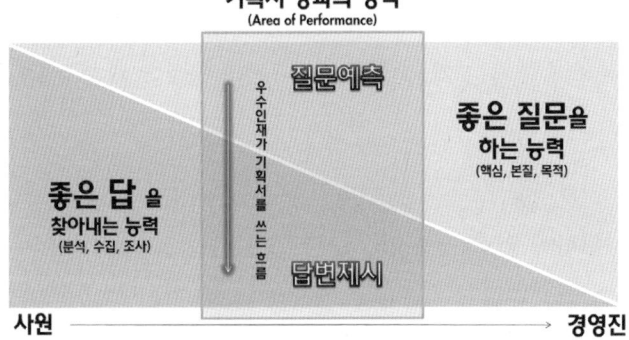

좋은 경영진, 좋은 리더일수록 좋은 질문을 하는 것이 최고의 능력이고 좋은 실무자일수록 이에 대한 좋은 답을 찾아서 제시하는

것이 최고의 능력입니다. **핵심 질문을 예측하고 그에 대한 답을 제시하는 것!** 이것이 글로벌 핵심인재가 기획서를 쓰는 기본 원리입니다.

그러므로 기획서를 작성하는 첫 단계는 핵심과 본질, 목적을 탐구하는 질문을 스스로 만들고, 더 나아가 경영진의 질문을 예측해내는 것입니다. 이것이 바로 실무자의 진짜 실력입니다. 그리고 이 질문에 대해 분석하고 자료를 수집하고 조사하여 대응하는 것이 최고의 기획서입니다.

"최고의 기획서란 경영진의 질문을 순서대로 해결해주는 것이다."

예전에 제가 함께 일했던 고위급 경영진의 실제 멘트를 하나 소개해 드립니다.

"직장생활 40여 년 하는 동안 지켜본 일 잘하는 친구들의 공통점은 '**뒤집어 볼 줄 아는 힘**'을 가지고 있다는 거야. 상대방의 의중을 볼 줄 알아서 협상도 잘 하고 설득도 능수능란하게 잘 하더라고."

좋은 기획서는 내가 아는 것, 내가 하고 싶은 말을 쓰는 것이 아닙니다. 상대가 알아야 하는 것, 상대에게 필요한 정보를 전달하는 것입니다. 내가 하고 싶은 말을 하기 시작하면 장황해지고 논리가 무너지기 마련입니다. 하지만 상대에게 필요한 말을 하는 것으로 전환하면 중요한 내용을 그가 알아야 하는 순서대로 전하기 때문에 기획서가 짧고 간결해지는 것입니다.

기획서가 망하는 이유는 딱 하나의 근본 원인 때문입니다. 타인이 아닌 나로부터 출발해서입니다.

이 내용을 아래의 표에서 확인해 보십시오.

잘못된 기획서가 시작되는 이유

하고 싶은 말	Vs.	필요한 말
나에서 출발한 밀어부치기, 던지기 일한 순서대로 정렬		상대에서부터 출발한 잡아당기기, 설득하기 중요한 순서와 논리대로 정렬

2

기획서 맥락을 한눈에 잡아채는 '기획서 캔버스'

CEO가 가장 싫어하는 것이 주절주절, 중구난방입니다. 주절주절거리는 기획서에는 메시지들이 의미 없이 반복되고, 두서 없고, 논리적 흐름이 결여되어 있습니다. 경영진들은 바쁜 시간을 쪼개 기획서를 읽어야 하고 결국 최종 책임은 본인이 져야 하기 때문에 허투루 읽을 수도 없습니다. 주절주절, 중구난방의 기획서가 되지 않기 위해 딱 두 가지를 기억하면 좋겠습니다.

첫째, 과제를 관통하는 핵심 질문을 기반으로 생각하십시오.
경영진이 무언가에 대해 보고받을 때 가장 먼저 해결되기를 바라는 질문들이 있습니다. 이는 기획서에서 **'우선 응답 필요 항목'**입니다. 경영진이 기획서를 검토할 때 늘 궁금해하는 대표적인 질문을 알아두면 기획서를 작성하기 수월합니다. 이를 통해 실무진의 작성 시간과 분석의 에너지를 아끼는 지름길을 찾을 수 있으며, 자신이 하고 싶은 말이 아닌 결재자가 알아야 하는 내용을 중심으로 접근할 수 있습니다.

둘째, 모든 분석은 거시적이고 촘촘하게 접근하십시오.

경영진은 경험치가 높습니다. 경험이 많은 사람들은 하나의 사안을 바라볼 때 여러 가지를 동시에 고려하는 본능이 있습니다. 경영진은 기획서를 볼 때 큰 관점으로 접근합니다. 그렇기 때문에 기획서를 처음 마주했을 때 본능적으로 거시적인 관점으로 한번 스캔합니다. 거시적 관점으로 훑어봤을 때 빈틈이 보이면 인상 쓰며 공격이 시작됩니다.

"왜 ○○는 없어?"

"하나만 보고 둘은 못 봐?"

"○○랑 □□는 사실 같은 내용이잖아!"

기획서를 잘 쓴다는 것은 거시적으로 촘촘하게 접근하고 있다는 것과 다르지 않습니다. 거시적인 접근은 쉽게 말하면 '한 판'을 보면서 정리하고 이를 기획서로 쓰는 것을 말합니다. **기획서는 빅픽처**Big Picture**가 제일 중요합니다. 좋은 기획서는 전체의 큰 그림을 보면서, 하나하나 파고들어야 합니다.**

경영진이 항상 궁금해는 대표적인 질문으로 만들어진 '판', '**기획서 캔버스**Canvas'를 소개합니다. **기획서 캔버스만 잘 적용해도 평균 이상은 할 것입니다.** 기획서를 쓰기 전에 지금부터 소개드리는 기획서 캔버스를 앞에 두고 답을 찾아보길 권장합니다. 사람은 눈에 보여야 생각이 확장되고, 생각들이 연결됩니다.

기획서 캔버스는 모두 12개 블록Block으로 구성되어 있습니다. **각 12개 블록은 하나의 기획 과제에 대한 분석 항목을 '개별적'이지만 '총체적'으로 바라보도록 돕습니다.** '캔버스'라고 명명한 이유도 전체의 종합적인 접근과 연결 상태를 한눈에 보도록 돕는 툴Tool이기 때문입니다.

기획서 Canvas

1. 문제 상황/도전 상황	4. 목표수준	7. 소요비용/이익(효용)	10. 핵심 지표/성공 모습
- 무엇이 문제인가? - 무엇이 아쉬운가? - 어떤 도전과 변화 필요점이 있는가?	- 무엇을 어느 수준까지 확보/개선 할 것인가? : 구체성과지표 및 목표수준 - 본 과제를 통해 어떤 수치가 만들어져야 하는가?	- 주요 비용/자원 투입 구조는 ? : 향후 어떻게 줄일 것인가? - 주요 수익/효용 구조는 ? : 향후 어떻게 늘릴 것인가?	- 과제 수행이 성공한 모습은 무엇인가? - 무엇을 추적/관리해야 성공을 증명할 수 있는가?
3. 고객/현장의 Real Needs	6. 해결방법 - 주요 접근 방향 - 세부 Action - Time Plan	9. 홍보/안내/Comm.	12. 후속 연결 과제
- 고객/현장은 궁극적으로 어떻게 변화되기를 바라는가? - 무엇이 어떻게 바뀌기를 원하는가?		- 누구를 대상으로 무엇을 어떻게 안내할 것인가? - 누가 무엇을 어느 수준까지 알아야 하는가?	- 이후에 진행해야 할 후속 중장기 과제는 무엇인가? - 과제의 목적/취지를 지속하기 위해 연계해야 하는 활동은 무엇인가?
2. 회사의 방향/경영진의 기대	5. 벤치마킹/유사사례	8. 실행 주체/역할 구분	11. 위험요인/Bug Case
- 경영진이 가장 중요하게 생각하는 것은 무엇인가? - 중장기 전략방향, 핵심가치 비전/미션과 어떤 연관성이 있는가?	- 선진사, 동종업계는 어떻게 하고 있나? - 유사한 성공/실패 사례가 있는가? - 우리는 무엇이 강하고 무엇이 약한가?	- R&R은 어떻게 되는가? - 결과물을 활용하는 사람은 누구인가? - 누구와 협력해야 하는가? - 이해당사자는 누구인가?	- 추진/실행을 어렵게 하는 것, 결과물을 무의미하게 하는 것은 무엇인가? - 어떻게 제어해야 하는가?

12개 블록은 경영진이 기획 과제에 대해 보고받을 때 항상 궁금해하는 질문이기도 합니다. 12개 핵심 질문만 잘 해결되어도 좋은 기획서가 만들어지는 문이 열리고 경영진의 핵심 질문을 예측하고 답을 준비할 수 있는 실마리가 잡힙니다. 예리한 질문을 볼 줄 안다는 것은 좋은 분석을 창출하는 시작을 말하기 때문입니다.

12개 블록의 요소를 하나씩 살펴보겠습니다. 번호순으로 소개되는 아래의 표를 볼 때는 기획서를 받아보는 경영진의 입장을 유지한 채 바라보길 권장합니다.

구분	주요 질문, 검토 항목
1. Problem	무엇이 문제인가?/무엇이 아쉬운가? 어떠한 도전과 변화, 필요점이 발생 존재하는가?
2. Expectation	경영진이 가장 중요하게 생각하는 것은 무엇인가? 중장기 전략 방향, 핵심가치, 비전/미션과 어떤 연관성이 있나?
3. Needs	고객/이해당사자는 누구인가? 고객(내부, 외부)/현장은 궁극적으로 무엇이 어떻게 변화되기를 바라고 있는가?
4. Goal	무엇을 어느 수준까지 확보/개선할 것인가? (Index) 본 과제를 통해 어떤 수치가 만들어져야 하는가?
5. Benchmarking	이 건에 대해서는 동종업계, 선진사는 어떻게 하고 있나? 유사한 성공/실패 사례가 있는가? 우리 회사에는 어떤 교훈이 있는가?
6. Solution	어떤 방향과 실행 전략을 추구해야 하는가? 세부 실행 계획은 무엇인가? 무엇이 차별화된 것인가? 기존과 무엇이 달라졌는가?
7. Cost & Margin	주요 비용/자원 투입 구조는 어떻게 되는가? 향후 어떻게 줄일 것인가? 주요 수익/효용 구조는 어떻게 되는가? 향후 어떻게 늘일 것인가?
8. R&R, Partner	실행 주체, R&R(역할과 책임)은 어떻게 되는가? 결과물을 활용하는 사람, 이해당사자는 누구인가? 누구와 협력해야 하는가?
9. Communication	누구를 대상으로 무엇을 어떻게 안내할 것인가? 누가 무엇을 어느 수준까지 알아야 하는가?
10. Key Performance	과제 수행이 성공한 모습은 무엇인가? 무엇을 추적/관리해야 성공을 증명할 수 있는가?
11. Risk/Bug Case	추진/실행을 어렵게 하는 위험요인은 무엇인가? 기획 과제의 결과물을 무의미하게 만드는 요인은 무엇인가? 어떻게 제어/최소화할 것인가?
12. Follow Up	이 과제 수행 이후 추진해야 할 중장기 후속 과제는 무엇인가? 과제의 목적/취지를 지속하기 위해 연계해야 하는 활동은 무엇인가?

1.
기획서 캔버스 사용 설명서

① 12개 블록을 부여된 번호대로 채워 나갑니다.

각 번호별로 가진 질문 포인트에는 **기획서에 옮겨 담아야 하는 관점의 흐름과 스토리가 있습니다.** 번호의 앞자리로 갈수록 '추진기반/배경', '상황'에 해당하고, 번호의 후반으로 갈수록 '실행'과 '대책'에 해당합니다.

'추진기반/배경'을 우선 정리하며 전체 기획의 근간^{Boundary}를 공고히 다지고 이를 바탕으로 현실적인 해결 방안을 세울 수 있습니다.

"왜 번호가 순서대로 부여되어 있지 않을까요?"
번호의 순서가 섞여 있는 이유가 있습니다.

1번 '문제 상황' 항목과 2번 '회사/경영진의 기대' 항목을 동시에 고려해야 3번 '고객/현장의 요구' 항목을 보다 집중해서 볼 수 있습니다.

4번 '목표 수준' 항목과 5번 '벤치마킹' 항목을 동시에 고려해야 6번 '해결 방법' 항목을 현실적으로 볼 수 있습니다. 나머지 7~12번 항목도 앞서 설명한 유사한 개념으로 되어 있습니다.

② 12개 블록들은 서로 유기적으로 연결되어 있어야 합니다.

12개 블록들의 메시지가 서로 어우러지고 연결되어 있어야 기획서에 담아냈을 때 스토리가 수월하게 살아 올라옵니다. '문제 상황 – 설정 목표 – 실행 방안 – 향후 후속 조치' 등은 결국 같은 관점 속에서 유기적인 연결고리가 있어야 합니다. **12개 블록이 서로 따로 움직이면 맥락이 죽고 논리가 흐려집니다.** 말 그대로 두서 없이 전개됩니다.

③ 한 칸에 너무 오래 체류하기보다 1번부터 12번까지 빨리 한 번 완주하고 두세 번 다시 채우면서 보강하는 것이 좋습니다.

12개 블록을 가볍게 채워가면서 한 바퀴를 돌게 되면 기획 과제에 대한 큰 그림을 빨리 볼 수 있습니다. **과제의 큰 그림을 빨리 먼저 보고 디테일을 추가로 맞춰보는 것**이 거시적인 관점을 유지하는

데 도움이 됩니다. 특히 6번 솔루션 항목은 두 바퀴째부터 더 구체적일 수 있습니다.

문제+원인+현상+목표+리스크+후속 과제+관리지표+이해당사자들을 복합적으로 보고 나서야 최적의 접근 방향과 지금 반드시 해야 할 세부 액션이 나오게 됩니다.

빠른 길을 선택한답시고 실행 계획부터 우선 설정하고 나머지 요소를 우격다짐식으로 끼워 맞추다 보면 기획서의 논리와 맥락이 무너집니다.

④ 가급적 큰 종이에 출력하여 포스트잇으로 내용을 붙였다 떼었다를 반복하는 과정을 거쳐서 마지막까지 내용을 수정/보완합니다.

예를 들면, 기획 과제를 수행하는 TFT 멤버들끼리 프로젝트 초반에 같이 12개 블록을 채워보고 서로 의견을 공유하게 되면 기획 과제에 대한 진정한 협업을 할 수 있습니다. 진정한 큰 그림과 방향을 미리 공유할 수 있기 때문입니다.

'협업'과 '분업'은 다릅니다. 분업은 일을 나누고 쪼개서 하는 것입니다. 단순하게 What을 나누어서 실행하고 나중에 합치는 것이죠. 분업에서는 '업무 결과 중복' 또는 '업무 사각지대 발생'이라는 부작용이 존재합니다.

협업은 함께하는 멤버들이 공통된 목표, 목적, 향후 방향(Why)을 우선 공감하고 나서 개인 역할을 분담하는 것입니다. 훨씬 더 생산성이 높아지고, 팀워크가 높은 과제 수행이 발생합니다. **과제 초기 단계에 12블록을 함께 공유한 사람들끼리는 원활한 협업이 가능해집니다.**

다음의 사진 사례처럼 포스트잇을 사용하여 각 테마별 키워드를 한눈에 보면서 다양한 생각을 합치고 분류하고 보완하는 것이 기획서 캔버스를 더욱 효과적으로 사용하는 방법입니다.

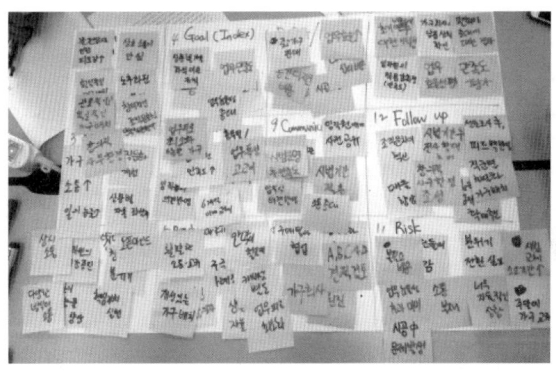

실제 프로젝트 시작 시점에서 워크숍을 한 결과물

2.
기획서 캔버스를 쓰면 좋은 점

① **기획자의 분석과 생각을 MECE(누락과 중복이 없는 상태)하게 유지하도록 도와주며, 다양한 관점을 지속적으로 독려하고 가속화해줍니다.** 거시적이고 촘촘한 접근이 되도록 유도합니다.

② **현재 처한 기획서 출발 지점을 파악할 수 있습니다.** 지금 단계에서 가지고 있는 정보/재료는 무엇인지, 향후 추가로 무엇을 더 확보해야 하는지를 정확하게 알게 됩니다.

③ **훨씬 빨리 기획서를 쓸 수 있습니다.** 즉 70%의 완성도를 지닌 초안을 빠른 시간 내에 만들어낼 수 있습니다.

④ **기획서의 내용이 한쪽으로 치우치는 것을 막아줍니다.** 거시적인 관점을 유지해주기 때문에 편협한 기획서가 나오지 않도록 균형을 잡아줍니다. 그래서 결국 '삽질'을 덜 합니다.

어떤 비즈니스 과제라도 기획서 캔버스에 있는 12개 핵심 질문에서 자유로울 수 없을 것입니다. 12개 핵심 질문(경영진이 중요하게 생각하는 핵심 질문)만 잘 응답해도 좋은 기획서의 절반은 완성할 수 있습니다.

3

기획서를 바라보는 경영진의 요구

1.
명분과 실리

경영진은 '명분'과 '실리'로 움직이는 사람들입니다. 비즈니스에서 **명분名分이란 정당하고 합당한 이유/근거**에 해당합니다. 명분이 뚜렷하고 확실하다면 경영진 입장에서는 일단 해 볼 만한 게임이고 매력적인 과제입니다.

"이게 왜 우리 회사에 중요한 것인가?"

"이 과제를 우리 회사가 꼭 해야 하는 이유가 무엇인가?"
"이 과제는 우리에게, 사회에게, 고객에게 무슨 의미가 있는가?"

명분도 중요하지만 '실리實利'도 빼놓을 수 없습니다. 기획서는 비즈니스 생태계에서 움직이기 때문입니다. 비즈니스의 궁극적인 목적은 생존이고, 생존하려면 이익이 필요합니다. 회사는 동호회가 아닙니다. 유형적이든 무형적이든 이익이 보여야 합니다. 또한 **실리가 받쳐주어야 명분이 더 빛납니다.**

실리에 해당하는 경영진의 질문은 대체로 아래와 같습니다.

"그래서 돈이 되는 것인가?"
"우리 회사에는 어떤 득이 있는가?"
"얼마만큼의 효과성, 효용성이 있는가?"
"정말 실현 가능한 것인가?"

제가 겪어본 경영진은 대부분 명분을 실리보다 더 우선시했습니다. 보통 "회사, 사회, 고객, 임직원을 위해 정말 필요한 것인가?"에 대한 시원한 답을 얻게 되면 훨씬 더 마음이 동합니다. 따라서, 명분을 실리보다는 앞세워서 설득하는 것이 좋습니다. 단 **명분과 실리는 상응**해야 하며 뚜렷한 연계성을 가지고 있어야 합니다. 즉 서로 아구가 맞아야 하는 것이죠.

명분과 실리의 요소를 기획서 캔버스에서 구분해보면 아래와 같습니다.

명분		실리	
1. 문제상황/도전상황 - 무엇이 문제인가? - 무엇이 아쉬운가?	4. 목표수준 - 무엇을 어느 수준까지 확보/개선 할 것인가? : 구체성과표 및 목표수준 - 본 과제를 통해 어떤 모습이 만들어져야 하는가?	7. 소요비용/이익(효용) - 주요 비용/자원투입 구조는? : 향후 어떻게 줄일 것인가? - 주요 수익/효용 구조는? : 향후 어떻게 늘일 것인가	10. 핵심지표/성공모습 - 과제수행이 성공한 모습은 무엇인가? - 무엇을 추적/관리해야 성공을 증명할 수 있는가?
3. 고객/현장의 Real Needs - 고객/현장은 궁극적으로 어떻게 변화되기를 바라는가? - 무엇이 어떻게 바뀌기를 원하는가?	6. 해결방법 - 주요 **접근 방향** - 세부 Action - Time Plan	9. 홍보/안내/Comm. - 누구를 대상으로 무엇을 어떻게 안내할 것인가? - 누가 무엇을 어느 수준까지 알아야 하는가?	12. 후속 연결과제 - 이후에 진행해야 할 후속 중장기 과제는 무엇인가? - 과제의 목적/취지를 지속하기 위해 연계해야 하는 활동은 무엇인가?
2. 회사의 방향/경영진의 기대 - 경영진이 가장 중요하게 생각하는 것은 무엇인가? - 중장기 전략방향, 핵심가치 비전/미션과 어떤 연관성이 있나?	5. 벤치마킹/유사사례 - 선진사, 동종업계는 어떻게 하고 있나? - 유사한 성공/실패사례가 있는가? - 우리는 무엇이 강하고 무엇이 약한가?	8. 실행주체/역할구분 - R&R은 어떻게 되는가? - 결과물을 활용하는 사람은 누구인가? - 누구와 협력해야 하는가? - 이해당사자는 누구인가?	11. 위험요인/Bug Case - 추진/실행을 어렵게 하는 것, 결과물을 무의미하게 하는 것은 무엇인가? : 어떻게 제어해야 하는가?

2.
안전한 혁신

경영진은 늘 말합니다. "기존과는 다른 새로운 것을 찾아라!", "혁신하라!" 하지만 그들도 구성원들에게 창피해서 말 못 하는 것이 있습니다. 겉으로는 혁신과 새로움을 설파하지만, 내면에는 언제나 '안전한Safe'이라는 단어가 자리 잡고 있다는 것이죠.

경영진은 '안전한 혁신Safe Innovation'을 원합니다. 하지만 실무자가 제시하는 기획서를 보면 무조건 당연히 잘 될 것이라는 장밋빛 미래만 그려오는 경우가 많습니다.

> "만약 계획대로 안 되면 어떻게 할 것인가?"
> "실행 과정에서 위협 요소는 무엇이 있고 어떻게 제어할 것인가?"

경영진은 이에 대한 답을 얻었을 때, 과감함이 높아지고 배짱이 생깁니다. **그들에게는 투자하지 않는 것도 투자입니다. 리스크는 최대한 줄이고자 하는 게 경영진의 본능입니다.**

안전한 혁신임을 규명하는 영역이 기획서 캔버스에서는 11번 '위험요인(Risk)/Bug case' 항목입니다.

Risk check

1. 문제상황/도전상황	4. 목표수준	7. 소요비용/이익(효과)	10. 핵심지표/성공모습
- 무엇이 문제인가? - 무엇이 어려운가? - 어떤 도전과 변화 필요점이 있는가?	- 무엇을 어느 수준까지 확보/개선 할 것인가? : 구체성과지표 및 목표수준 - 본 과제를 통해 어떤 모습이 만들어져야 하는가?	- 주요 비용/자원투입 구조는? : 향후 어떻게 줄일 것인가? - 주요 수익/효용 구조는? : 향후 어떻게 늘일 것인가	- 과제수행이 성공한 모습은 무엇인가? - 무엇을 추적/관리해야 성공을 증명할 수 있는가?
3. 고객/현장의 Real Needs	6. 해결방법 - 주요 접근 방향 - 세부 Action - Time Plan	9. 홍보/안내/Comm.	12. 후속 연결과제
- 고객/현장은 궁극적으로 어떻게 변화되기를 바라는가? - 무엇이 어떻게 바뀌기를 원하는가?		- 누구를 대상으로 무엇을 어떻게 안내할 것인가? - 누가 무엇을 어느 수준까지 알아야 하는가?	- 이후에 진행해야 할 후속 중장기 과제는 무엇인가? - 과제의 목적/취지를 지속하기 위해 연계해야 하는 활동은 무엇인가?
2. 회사의 방향/경영진의 기대	5. 벤치마킹/유사사례	8. 실행주체/역할구분	11. 위험요인/Bug Case
- 경영진이 가장 중요하게 생각하는 것은 무엇인가? - 중장기 전략방향, 핵심가치 비전/미션과 어떤 연관성이 있나?	- 선진사, 동종업계는 어떻게 하고 있나? - 유사한 성공/실패사례가 있는가? - 우리는 무엇이 강하고 무엇이 약한가?	- R&R은 어떻게 되는가? - 결과물을 활용하는 사람은 누구인가? - 누구와 협력해야 하는가? - 이해당사자는 누구인가?	- 추진/실행을 어렵게 하는 것, 결과물을 무의미하게 하는 것은 무엇인가? : 어떻게 제어해야 하는가?

    베테랑 기획자들은 업무 시작 전, '사전 부검Pre Mortem'이라는 작업 통해 실패할 경우를 가정하여 실패 가능성과 요인을 사전에 찾아 적극적으로 위험 요인을 예측하고 계획 단계에 이를 끌어들입니다. 사전 부검이란 법의학 분야에서 하는 활동인 부검剖檢, 즉 사망 원인을 밝히는 활동을 비즈니스에 적용한 개념입니다. 실제로 와튼, 코넬대학교의 경영학과 교수들이 수행한 연구에 따르면 사전 부검 활동이 프로젝트의 실행 계획을 현실적으로 설정할 확률을 30% 높여준다고 합니다.

    다음 리스트는 새로운 기획 아이템이 현실에서 무너지도록 만드는 즉, 제대로 실행되지 못하도록 하는 위험 요소들을 정리한 것입니다. 본인의 기획서에서 위험 요인을 미리 예측할 때에 활용해 보는 것을 권장합니다.

■ **고객, 업무범위**
  - 잘못된 고객 선정
  - 예상치 못한 돌발업무추가
  - 너무 좁게 추정된 업무범위
  - 업무 목적의 변화
  - 너무 짧게 산정된 일정
  - 납기 미준수

■ **요구 변경**
  - 비현실적인 돌발 기대
  - 경영진의 요구 변화
  - 대체재의 출현

■ **정보/홍보 관련 문제**
  - 신뢰할 수 없는 정보
  - 고객의 외면
  - 고객의 이해 부족
  - 고객의 반응 탐색 부족

■ **품질, 호환성**
  - 기존 상태와 낮은 호환성
  - 예측하지 못한 대량주문
  - 표준 이하의 품질
  - 배송 문제
  - 운영방식의 변화
  - 소유권, 저작권의 제한
  - 특허권, 지적재산권 침해

■ **자원 조달**
  - 인력부족
  - 낮은 능력/의욕
  - 팀 멤버의 이탈
  - 가용 자금의 축소
  - 예상치 못한 비용 발생

■ **조직, 문화, 팀웍**
  - 부서간, 파트너간의 적대적 관계
  - 부정부패 발생
  - 모호한 책임(White Space)
  - 비효율적인 커뮤니케이션
  - 현장과 스태프의 갈등
  - 다양성(성별, 학력 등의 불화) 이슈
  - 암묵적 규율, Norm, Taboo의 무시

■ **외부적 영향**
  - 기후나 천재지변, 전염병 창궐
  - 상위 기관의 제약, 간섭
  - 정부의 규제
  - 경기변동
  - 기업 이미지 추락

3.
"숫자로 얘기해"

영화 〈마션Martian〉은 화성에 홀로 떨어진 주인공을 구하기 위해 NASA가 주도하는 작전을 담고 있습니다. 극중 최종의사결정권자이자 진두지휘를 하는 고위급 인력인 NASA 탐사 국장에게 주어진 가장 큰 미션은 구조용 우주선을 최대한 빨리 만드는 것입니다. 영화 중반쯤, 탐사 국장이 구조선 만드는 실무 담당자와 영상통화를 하는 장면이 나옵니다.

　　탐사 국장 : 구조선을 만드는 데 얼마나 걸리나?
　　구조선 담당자 : 상당히 오래 걸립니다.

이때 탐사 국장이 담당자에게 던진 말은 바로 "*Give me a number.*" 의역하면 "**됐고, 숫자로 얘기해**"로, 어렴풋이 말하지 말고 구체적으로 말하라는 뜻입니다. 이렇듯 경영진은 형용사와 부사로 보고하는 것을 싫어합니다. 경영진은 짐작으로 움직이지 않습니다.

소프트뱅크사의 손정의 회장도 했던 말이죠.

> *"바른 숫자를 봐야, 바른 판단을 할 수 있다."*

경영진의 결재를 얻어낼 수 있는 최고의 메시지는 바로 '데이터, 숫자'입니다. 고집쟁이 경영진도 꼼짝 못하도록 기획자가 쓸 수 있는 최고의 무기가 바로 데이터, 그것도 **'고객/현장의 소리와 관련된 데이터'**입니다. 기획서에 있는 정갈하고 체계적인 데이터는 경영진이 결재할 수밖에 없는 상황을 만들어버리는 마법의 메시지이자, 실무자가 사용할 수 있는 최고의 설득용 무기입니다.

사실 데이터를 모으는 일이 쉽지는 않습니다. 정량적인 접근보다는 정성적인 접근이 훨씬 수월할 것입니다. 그러다 보니 형용사와 부사가 남발됩니다. "대체로 유효하다" 또는 "상당한 손실이 발생했다"라고 기획서에 쓰면 결재는커녕 질문 폭탄을 받을 것입니다.

기획서 캔버스에서 첫 번째 행의 1, 4, 7, 10의 블록은 데이터와 수치 기반으로 채워져야 하는 블록들입니다.

숫자, Data 기록 필요

1. 문제 상황/도전 상황	4. 목표수준	7. 소요비용/이익(효용)	10. 핵심 지표/성공 모습
- 무엇이 문제인가? - 무엇이 아쉬운가? - 어떤 도전과 변화 필요점이 있는가?	- 무엇을 어느 수준까지 확보/개선 할 것인가? : 구체성과지표 및 목표수준 - 본 과제를 통해 어떤 수치가 만들어져야 하는가?	- 주요 비용/자원 투입 구조는? : 향후 어떻게 줄일 것인가? - 주요 수익/효용 구조는? : 향후 어떻게 늘일 것인가?	- 과제 수행이 성공한 모습은 무엇인가? - 무엇을 추적/관리해야 성공을 증명할 수 있는가?
3. 고객/현장의 Real Needs	6. 해결방법	9. 홍보/안내/Comm.	12. 후속 연결과제
- 고객/현장은 궁극적으로 어떻게 변화되기를 바라는가? - 무엇이 어떻게 바뀌기를 원하는가?	- 주요 접근 방향 - 세부 Action - Time Plan	- 누구를 대상으로 무엇을 어떻게 안내할 것인가? - 누가 무엇을 어느 수준까지 알아야 하는가?	- 이후에 진행해야 할 후속 중장기 과제는 무엇인가? - 과제의 목적/취지를 지속하기 위해 연계해야 하는 활동은, 무엇인가?
2. 회사의 방향/경영진의 기대	5. 벤치마킹/유사사례	8. 실행주체/역할구분	11. 위험요인/Bug Case
- 경영진이 가장 중요하게 생각하는 것은 무엇인가? - 중장기 전략방향, 핵심가치 비전/미션과 어떤 연관성이 있나?	- 선진사, 동종업계는 어떻게 하고 있나? - 유사한 성공/실패사례가 있는가? - 우리는 무엇이 강하고 무엇이 약한가?	- R&R은 어떻게 되는가? - 결과물을 활용하는 사람은 누구인가? - 누구와 협력해야 하는가? - 이해당사자는 누구인가?	- 추진/실행을 어렵게 하는 것, 결과물을 무의미하게 하는 것은 무엇인가? : 어떻게 제어해야 하는가?

4.
뭐가 달라? 뭐가 좋아?

기획의 결과물을 포장할 때 사용하는 전략적 메시지는 크게 세 종류가 있습니다. 새로운 것Something New을 소개하는 기획서라면 이제부터 제시되는 세 종류의 메시지를 골고루 활용하는 것이 좋습니다.

첫째, Feature (구체 사항, 팩트, 사양)

세부적인 내용, 현상과 현장에 근거한 사실이 여기에 해당합니다. 새로운 상품을 소개한다면 상품의 세부 스펙, 외적인 규모 등이 이러한 Feature 메시지입니다. 만약 새로운 제도나 전략을 소개한다면, 구체적인 프로세스, 전략의 세부 실행 방법 등이 될 것입니다.

Feature 메시지는 기획서의 근간이 되는 중요한 부분이지만, 너무 많이 사용하면 독이 됩니다. 복잡하고 실무 중심적이기 때문입니다. Feature 메시지만 넘쳐나는 기획서는 드라이하고 무미건조합니다. 해당 분야의 전문가가 아니라면 속속들이 이해하지 못합니다. 특히 경영진은 실무자가 아니므로 더 이해하기 어렵습니다. 구체적인 사항, 세부 스펙으로만 포장된 기획서를 끝까지 읽어주는 경영진은 없을 것입니다.

둘째, Benefit (장점, 가능성)

구체적인 사항은 대충 이해했다 하더라도 왜 새로운 기획 아이템이 필요한지는 잘 와닿지 않습니다. 새로운 기획 아이템을 통해 가능해지는 점과 좋아지는 점을 제시하면 제안이 더욱 의미 있게 느껴집니다. 경영진은 의미와 명분으로 움직입니다. 기획서를 읽는 경영진은 구체적인 설명과 함께 무엇이 새롭게 가능해지는지, 어떤 장점이 있는지 알고 싶어 합니다. 이럴 때 등장하는 메시지가 'Benefit'입니다. 예전에는 못했던 일이 가능해지고, 미래에 이렇게까지 응용/활용될 수 있다는 점을 부각시켜야 새로움에 대한 불안과 저항을 낮출 수 있습니다.

셋째, Advantage(차별점)

경영진에게 보고할 때 이런 질문을 받아 본 적이 있을 것입니다.

> *"그래서… 이게 뭐가 달라?"*
> *"그래서… 예전이랑 뭐가 달라?"*
> *"경쟁사와는 뭐가 어떻게 다른 거야?"*

새로움을 강조하는 마지막 메시지는 바로 차별점을 부각시키는 것입니다. 기존과는 무엇이 다르고, 유사 건과는 무엇이 다른지 정확한 차별화 포인트가 인지되어야 경영진은 새로움을 수용하기 시작합니다. 다른 것과 비교되지 않는 새로움은 아직은 미완성의 새로움일 수 있다는 점을 잊지 마십시오.

"나음은 증명하고 다름은 비교하라!"

기획 아이템 포장을 위한 3대 메시지인 'Feature – Benefit – Advantage'는 기획서 캔버스의 6번 해결방법 항목에 반영되어야 합니다.

Feature – Benefit – Advantage

1. 문제상황/도전상황	4. 목표수준	7. 소요비용/이익(효용)	10. 핵심지표/성공모습

- 무엇이 문제인가?
- 무엇이 아쉬운가?
- 어떤 도전과
  변화 필요점이 있는가?
	- 무엇을 어느 수준까지
	  확보/개선 할 것인가?
	  : 구체성과지표 및 목표수준
	- 본 과제를 통해 어떤 모습이
	  만들어져야 하는가?
		- 주요 비용/자원투입 구조는?
		  : 향후 어떻게 줄일 것인가?
		- 주요 수익/효용 구조는?
		  : 향후 어떻게 늘일 것인가
			- 과제수행이
			  성공한 모습은 무엇인가?
			- 무엇을 추적/관리해야
			  성공을 증명할 수 있는가?

3. 고객/현장의 Real Needs	6. 해결방법 **접근 방향** - 주요 - 세부 Action - Time Plan	9. 홍보/안내/Comm.	12. 후속 연결과제

- 고객/현장은 궁극적으로
  어떻게 변화되기를 바라는가?
- 무엇이 어떻게 바뀌기를
  원하는가?
		- 누구를 대상으로 무엇을
		  어떻게 안내할 것인가?
		- 누가 무엇을 어느 수준까지
		  알아야 하는가?
			- 이후에 진행해야 할
			  후속 중장기 과제는 무엇인가?
			- 과제의 목적/취지를 지속하기 위해
			  연계해야 할 활동은
			  무엇인가?

2. 회사의 방향 /경영진의 기대	5. 벤치마킹/유사사례	8. 실행주체/역할구분	11. 위험요인/Bug Case

- 경영진이 가장 중요하게
  생각하는 것은 무엇인가?
- 중장기 전략방향, 핵심가치
  비전/미션과 어떤 연관성이 있는가?
	- 선진사, 동종업계는
	  어떻게 하고 있나?
	- 유사한 성공/실패사례가 있는가?
	- 우리는 무엇이 강하고
	  무엇이 약한가?
		- R&R은 어떻게 되는가?
		- 결과물을
		  활용하는 사람은 누구인가?
		- 누가와 협력해야 하는가?
		- 이해당사자는 누구인가?
			- 추진/실행을 어렵게 하는 것,
			  결과물을 무의미하게 하는 것은
			  무엇인가?
			  : 어떻게 제어해야 하는가?

또한 Feature는 '**실행 지표**Activity Indicator'에 가깝습니다. '~까지 한다', '~회를 한다', '~건을 달성한다'는 것은 실행 지표입니다.

업무적인 행동을 말하는 것입니다. 이는 경영진이 원하는 궁극적인 모습이 아닙니다. 경영진에게는 그래서 무엇이 (문제였던 것이) 어떤 상태로 변화될 것인지, (불가능했던 것이) 가능한 어떤 수준이 될 것인지가 중요합니다. 이것이 바로 '**성과 지표**Outcome Indicator'입니다.

기획서에는 실행 지표는 기본이며, 성과 지표가 동시에 기록되어야 합니다. 기획서 캔버스의 4번 항목 목표 수준은 '실행 지표'에 가깝고 10번 항목 핵심 지표/성공 모습이 '성과 지표'에 가깝습니다.

기획은 실행 지표를 통해 성과 지표를 달성하는 것입니다.

행위/실적지표

~~ 을 한다
~~ 까지 한다
~~ 것을 한다

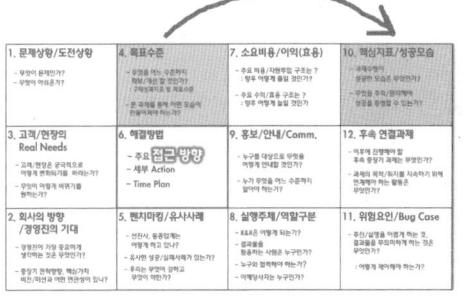

성과지표

문제였던 것이,
불가능했던 것이

~~ 수준으로 개선됨
~~ 가 가능하게 된다
~~ 로 변화한다

5.
"현실적인가?"

무엇이든 새로운 것은 다 좋아 보입니다. 기획서에서 당연히 다 잘 될 거라는 최적의 상황을 묘사해도 경영진은 정말 현실적으로 가능한 것인지 의구심을 가집니다. 산전수전 겪어 보면 세상 만사가 쉽지 않다는 것을 알기 때문입니다.

구분	Check 항목
Problem	1. 왜 이 문제를 선택하게 되었는가? 2. 고객/현장은 어떤 불편, 필요점을 가지고 있는가? (현재는 어떤 식으로 이 문제를 해결하고 있는가?) 3. 고객/현장이 불편을 겪고 있다는 것을 어떻게 확인했나? (증명) 4. 고객/현장의 습관을 바꿀 수 있다고 보는가? (설득/공감 형성, 습관은 무서운 것, 조금 더 나은 서비스가 나온다고 옮겨가지 않음)
Solution	5. 문제를 어떻게 풀겠다는 것인가? (Demo가 가능한가? 아니면 실제 적용 사례는?) 6. Painkiller인가? Vitamin인가? (필요성) 7. 솔루션이 기존 방법보다 얼만큼 뛰어난 것인가? (과연 고객/현장이 Wow 할 정도인가?, 투자대비 효과성이 있는가?) 8. 이 솔루션을 써야 하는 단 한 가지 이유는 무엇인가? 9. 이 솔루션을 Copy하는 것이 어렵나? 후발주자를 어떻게 따돌릴 수 있나? 10. 결국, 기술인가 서비스인가? (하이테크, 솔루션 Vs. 관계 구축, 영업) 11. Lock in이 될 만한 요소가 강력한가? 아니면 쉽게 갈아탈 수 있는가? (생태계 구축)

Why Now	12. 꼭 지금 이 시기에 필요한 이유가 있나? (타이밍, 지금이 변곡점이 되는가?) 13. 너무 앞서가는 것은 아닌가? (이상적이지 않고 현실적인가? 제반 환경, 정서, 인프라가 충분히 갖추어져 있나?) 14. First Mover Advantage가 있는가? 반대로 First Mover Disadvantage가 있지 않은가?
Market / Competition	15. 충분히 크고 성장하고 있는가? (시장성, 확장성이 있는가? 일회성이지 않은가?) 16. 실질적인 Market Size는 어느 정도인가? (핵심 고객은 누구인가? 충분히 다양하고 큰가?) 17. 해당 문제에 관심이 있는 기업은 누가 있으며, 그들은 지금 어떻게 하고 있는가? 18. 직접 경쟁자, 광의의 경쟁자는 누구인가? (경쟁자의 강점은 무엇이고 우리는 무엇이 다른가?) 19. 이 솔루션에 대해 관련된 법규와 정치권은 아군인가? 적군인가?
Business Model	20. 고객, 현장에게 어떻게 소구(Appeal), 소통할 것인가? 21. 연합해야 하는 아군, 옹호자, 스폰서 또는 포섭해야 하는 저항군, 반대자가 있는가? (사내외 이해당사자) 22. 어떻게 돈을 벌 것인가?, 적절한 가격은 어느 정도인가? (Pricing, 간단한 매출과 이익구조, 어떻게 돈을 아낄 것인가?) 23. 유통과 판매 등은 어떻게 할 것인가?

위 내용은 국내 모회사 대표가 투자 여부를 결정할 때 사용하는 체크 항목 중 기획서에 유의미한 질문을 몇 가지 선별한 것입니다. 경영진이 기획서를 바라볼 때 어떤 관점으로 접근하는지 잘 설명해주는 좋은 질문들이니 기획서의 현실성을 검토할 때 적용해 보길 바랍니다. 아마 실무자의 관점에서 벗어나게 도와줄 것입니다. 실무자의 실행도 중요하지만 결정자의 판단을 넘나들 줄 아는 것이 진짜 실력입니다.

이 내용을 12개 블록 중 2번 회사의 방향, 경영진의 기대 항목에 반영해보는 것을 권장합니다.

경영진의 핵심 질문

1. 문제상황/도전상황	4. 목표수준	7. 소요비용/이익(효용)	10. 핵심지표/성공모습
- 무엇이 문제인가? - 무엇이 아쉬운가? - 어떤 도전과 변화 필요점이 있는가?	- 무엇을 어느 수준까지 확보/개선 할 것인가? : 구체성과지표 및 목표수준 - 본 과제를 통해 어떤 모습이 만들어져야 하는가?	- 주요 비용/자원투입 구조는? : 향후 어떻게 줄일 것인가? - 주요 수익/효용 구조는? : 향후 어떻게 늘일 것인가	- 과제수행이 성공한 모습은 무엇인가? - 무엇을 추적/관리해야 성공을 증명할 수 있는가?
3. 고객/현장의 Real Needs	6. 해결방법	9. 홍보/안내/Comm.	12. 후속 연결과제
- 고객/현장은 궁극적으로 어떻게 변화되기를 바라는가? - 무엇이 어떻게 바뀌기를 원하는가?	- 주요 **접근 방향** - 세부 Action - Time Plan	- 누구를 대상으로 무엇을 어떻게 안내할 것인가? - 누가 무엇을 어느 수준까지 알아야 하는가?	- 이후에 진행해야 할 후속 중장기 과제는 무엇인가? - 과제의 목적/취지를 지속하기 위해 연계해야 하는 활동은 무엇인가?
2. 회사의 방향/경영진의 기대	5. 벤치마킹/유사사례	8. 실행주체/역할구분	11. 위험요인/Bug Case
- 경영진이 가장 중요하게 생각하는 것은 무엇인가? - 중장기 전략방향, 핵심가치 비전/미션과 어떤 연관성이 있는가?	- 선진사, 동종업계는 어떻게 하고 있나? - 유사한 성공/실패사례가 있는가? - 우리는 무엇이 강하고 무엇이 약한가?	- R&R은 어떻게 되는가? - 결과물을 활용하는 사람은 누구인가? - 누구와 협력해야 하는가? - 이해당사자는 누구인가?	- 추진/실행을 어렵게 하는 것, 결과물을 무의미하게 하는 것은 무엇인가? : 어떻게 제어해야 하는가?

이중에서 인상적인 질문 몇 가지를 꼽아서 부연설명을 해보겠습니다.

"왜 지금인가? Why Now?"

모든 새로운 것은 그 자체로 좋을까요? 무조건 새로우면 좋을까요? **비즈니스에서 매우 중요한 것은 '타이밍'입니다.** 때를 잘 만나야 만사가 술술 풀리게 되며, 너무 이르지도 너무 늦지도 말아야 돈이 됩니다.

"고객/현장의 습관을 바꿀 수 있는가?"

현장과 고객은 항상 관성대로 움직입니다. 예전부터 해왔던 프로세스나 상품의 이용 방식은 쉽게 바뀌지 않습니다. **일상적인 흐름을 깰 수 있을 정도의 실용적인 매력이 있어야 현장과 고객이 우리에게 눈을 돌리게 됩니다.** 이런 경우에는 커뮤니케이션 비용이 훨씬 덜 들고 우호적인 세력(일명 '진성 고객')을 더 빨리 만들어낼 수 있습니다.

기획자만의 고집, 현장을 외면한 새로움으로만 만들어진 솔루션은 '낙제'입니다. 현장과 고객이 진짜 원하고 있으며 우리의 솔루션을 보는 순간 무릎을 탁 칠 정도의 새로움$^{\text{Wow Point}}$이 있어야 좋은 기획일 것입니다.

어설프게 큰 새로움보다, 현장의 모습에 깊게 파고들어서 작지만 날카롭게 짚어낸 새로움이 진짜 파급효과가 큽니다. 그게 진짜 기획입니다.

"Pain killer인가? Vitamin인가"

'없으면 안 되는 것'과 '있으면 좋은 것'은 완전히 다른 메시지입니다. 지금 안 하면 큰일 나거나 손실이 크게 발생하는 것이 Pain killer입니다. 반면 Vitamin은 지금 당장 크게 문제되지는 않으나 있으면 좀 더 좋아지는 것을 말합니다. 이 둘은 의사결정의 모드가 완전히 다릅니다.

자금 흐름이 여유롭고 투자의 여력이 많을 때에는 Vitamin 모드의 기획서가 통할 수 있습니다. 하지만 불경기 시즌에 버티기 전략의 회사에서는 Pain Killer에만 마음이 열립니다. 두 가지를 혼용해서는 안 됩니다. 실제로 많은 기획서가 이 둘의 노선을 왔다 갔다 하면서 접근 논리를 펼치는 경우가 많은데 이를 유의해야 합니다.

6.
고객의 확장

비즈니스에서 고객/현장을 외면하면 재앙을 맛보게 됩니다. 기획서란 고객/현장에 기반한 실제적이고 중요한 문제를 어떻게 해결할 것인가를 제시해야 합니다. 하지만 기획서의 하수들은 눈앞에 보이는 고객만을 바라봅니다. 경영진은 고객의 폭을 넓혀서 보기를 원합니다. 눈에 보이는 고객만이 아닌 다른 이해당사자까지도 같이 보아야 거시적이고 장기적인 관점의 기획이 가능해집니다.

기획서에서 고려해야 하는 고객은 크게 세 종류가 있습니다.

"구매자 - 사용자 - 수혜자"

구매자(승인자)란 우리의 기획 상품, 솔루션에 대해서 직접 재화를 지불하는 주체이기도 하고 구매를 결정하거나, 비용을 집행하거나, 새로운 제도나 프로세스를 승인하고 인준하는 인물을 말합니다. 사용자는 기획 상품, 솔루션을 현장에서 사용하고 활용하는 주체입니다. 흔히 쓰는 말로 유저^{User}가 여기 해당합니다. 구매자

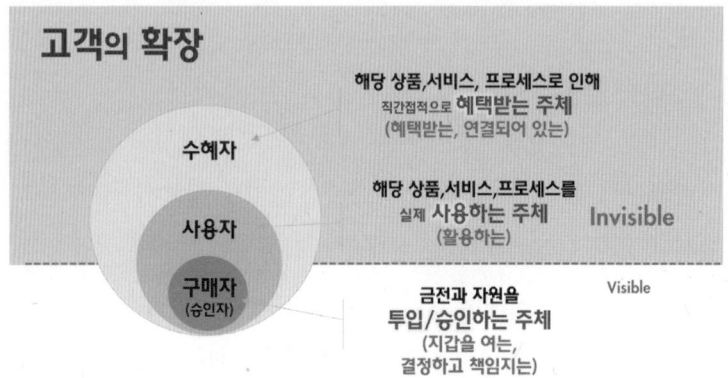

와 사용자가 다른 경우가 많습니다. 결재하는 사람 따로 있고 실제로 쓰는 사람 따로 있다는 것입니다. 실례로, 구매팀에서 ○○기계를 구입하지만 정작 ○○기계를 사용하는 사람은 현장의 공장에서 일하는 근로자입니다. '구매자'와 '사용자'를 동일인물로 보기 시작하면서 현장을 외면한 기획이 만들어집니다.

수혜자는 새로운 것Something New의 성공을 판가름하는 진짜 고객으로 영어로 하면 'Stakeholder(이해당사자)'입니다. 본인이 직접 구매하지 않고, 자기가 직접 사용하지 않더라도 새로운 것으로 인해 직간접적인 영향을 입는 사람들이 분명 존재합니다.

비즈니스를 제대로 관통해서 볼 줄 안다는 것은 과제와 연결되어 있는 인물인 '수혜자'까지 고려해서 본다는 것입니다. 예를 들어, 카

카오택시 서비스의 수혜자는 사용자의 가족/친구, 광고사업자, 통신회사, 국세청, 국토교통부 등이 될 것입니다. 새롭게 정립한 채용 면접 프로세스의 수혜자는 면접관, 조직문화 담당자, 현업 팀장 Hiring Manager 등이 될 것입니다.

수혜자를 정확하고 거시적으로 잘 짚어내면 어떤 이점이 있을까요?

첫째, 비즈니스, 기획 아이템을 큰 그림으로 볼 수 있습니다. **기획 아이템이 펼쳐지는 현장의 큰 그림**Big Picture**을 미리 확인하는 것, 즉 비즈니스의 생태계를 살펴보는 것이 가능합니다.**

둘째, 수혜자를 확장하면서 본 기획 과제 이후에 연결되는 **파생 비즈니스**를 정확히 볼 수 있습니다. 다양한 수혜자를 통해 제휴, 연합, 확장의 기회를 확인할 수 있습니다.

셋째, 모든 이해당사자를 정확히 볼 수 있으므로 효과적인 커뮤니케이션 전략을 세울 수 있게 됩니다. 수혜자를 확인하면 업무과정에서 **정보 교환의 대상, 설득의 대상, 방어와 포섭의 대상**이 뚜렷해집니다.

앞서 경영진이 원하는 것은 기획 과제에 대한 편협함을 제어하는 큰 그림이라고 강조했습니다. 고객/현장 또한 크게 보아야 합니다. 이러한 확장된 고객의 개념(구매자-사용자-수혜자)은 기획서 캔버스 3번 '고객/현장의 Real Needs' 항목과 8번 '실행 주체/역할 구분'에 해당되고 9번 '홍보/안내/커뮤니케이션'의 대상이 되기도 합니다.

구매자 - 사용자 - 수혜자

1. 문제상황/도전상황	4. 목표수준	7. 소요비용/이익(효용)	10. 핵심지표/성공모습
- 무엇이 문제인가? - 무엇이 아쉬운가? - 어떤 도전과 변화 필요점이 있는가?	- 무엇을 어느 수준까지 확보/개선 할 것인가? : 구체성과지표 및 목표수준 - 본 과제를 통해 어떤 모습이 만들어져야 하는가?	- 주요 비용/자원투입 구조는? : 향후 어떻게 줄일 것인가? - 주요 수익/효용 구조는? : 향후 어떻게 늘일 것인가	- 과제수행이 성공한 모습은 무엇인가? - 무엇을 추적/관리해야 성공을 증명할 수 있는가?
3. 고객/현장의 Real Needs	6. 해결방법	9. 홍보/안내/Comm.	12. 후속 연결과제
- 고객/현장은 궁극적으로 어떻게 변화되기를 바라는가? - 무엇이 어떻게 바뀌기를 원하는가?	- 주요 **접근 방향** - 세부 Action - Time Plan	- 누구를 대상으로 무엇을 어떻게 안내할 것인가? - 누가 무엇을 어느 수준까지 알아야 하는가?	- 이후에 진행해야 할 후속 중장기 과제는 무엇인가? - 과제의 목적/취지를 지속하기 위해 연계해야 하는 활동은 무엇인가?
2. 회사의 방향/경영진의 기대	5. 벤치마킹/유사사례	8. 실행주체/역할구분	11. 위험요인/Bug Case
- 경영진이 가장 중요하게 생각하는 것은 무엇인가? - 중장기 전략방향, 핵심가치 비전/미션과 어떤 연관성이 있나?	- 선진사, 동종업계는 어떻게 하고 있나? - 유사한 성공/실패사례가 있는가? - 우리는 무엇이 강하고 무엇이 약한가?	- R&R은 어떻게 되는가? - 결과물을 활용하는 사람은 누구인가? - 누가와 협력해야 하는가? - 이해당사자는 누구인가?	- 추진/실행을 어렵게 하는 것, 결과물을 무의미하게 하는 것은 무엇인가? : 어떻게 제어해야 하는가?

7.
과거-현재-미래

비즈니스에는 과거와 현재, 미래가 공존하고 있습니다. 그러므로 시간의 흐름을 종합적으로 바라보는 것이 진짜 기획입니다. **경영진은 자신이 검토하고 결재해야 하는 기획 과제에 대해서 과거에는 어땠고 현재는 어떠한지, 그와 동시에 미래에는 어떨지 함께 알고 싶어 합니다.**

따라서 기획서에 담기는 메시지는 '시간'의 기준으로 보았을 때에도 '거시적이고 촘촘하게MECE' 접근해야 합니다. 시간을 폭넓게 하지만 중복되지 않은 상태로 바라보도록 하는 대표적인 기준은 '과거-현재-미래'입니다.

기획서는 미래를 중심으로 언급되는 문서이므로 미래 시제도 기간에 따라서 2개 버전으로 구분하는 것이 좋습니다. 현재부터 약 3~6개월 이후 정도까지만 짧게 보는 '단기 미래'와 6개월 이후부터 2~3년 이후 정도까지 길게 보는 '중장기 미래'로 구분할 수 있습니다. 기획서 캔버스에도 '과거-현재-단기 미래-중장기 미래'가 존재합니다.

과거, 현재	단기 미래		중장기 미래
1. 문제상황/도전상황 - 무엇이 문제인가? - 무엇이 아쉬운가? - 어떤 도전과 변화 필요점이 있는가?	**4. 목표수준** - 무엇을 어느 수준까지 확보/개선 할 것인가? : 구체성과지표 및 목표수준 - 본 과제를 통해 어떤 모습이 만들어져야 하는가?	**7. 소요비용/이익(효용)** - 주요 비용/자원투입 구조는? : 향후 어떻게 줄일 것인가? - 주요 수익/효용 구조는? : 향후 어떻게 늘일 것인가	**10. 핵심지표/성공모습** - 과제수행이 성공한 모습은 무엇인가? - 무엇을 추적/관리해야 성공을 증명할 수 있는가?
3. 고객/현장의 Real Needs - 고객/현장은 궁극적으로 어떻게 변화되기를 바라는가? - 무엇이 어떻게 바뀌기를 원하는가?	**6. 해결방법** - 주요 **접근 방향** - 세부 Action - Time Plan	**9. 홍보/안내/Comm.** - 누구를 대상으로 무엇을 어떻게 안내할 것인가? - 누가 무엇을 어느 수준까지 알아야 하는가?	**12. 후속 연결과제** - 이후에 진행해야 할 후속 중장기 과제는 무엇인가? - 과제의 목적/취지를 지속하기 위해 연계해야 하는 활동은 무엇인가?
2. 회사의 방향/경영진의 기대 - 경영진이 가장 중요하게 생각하는 것은 무엇인가? - 중장기 전략방향, 핵심가치 비전/미션과 어떤 연관성이 있는가?	**5. 벤치마킹/유사사례** - 선진사, 동종업계는 어떻게 하고 있나? - 유사한 성공/실패사례가 있는가? - 우리는 무엇이 강하고 무엇이 약한가?	**8. 실행주체/역할구분** - R&R은 어떻게 되는가? - 결과물을 활용하는 사람은 누구인가? - 누구와 협력해야 하는가? - 이해당사자는 누구인가?	**11. 위험요인/Bug Case** - 추진/실행을 어렵게 하는 것, 결과물을 무의미하게 하는 것은 무엇인가? : 어떻게 제어해야 하는가?

'과거와 현재'에 해당하는 블록

1번 문제 상황/도전 상황, 2번 회사의 방향/경영진의 기대, 3번 고객/현장의 Read Needs, 5번 벤치마킹/유사 사례입니다. 과거에는 어땠으며, 지금 당장은 어떤 상황인지가 주력으로 담겨야 합니다.

'3~6개월 이내의 단기 미래'에 해당하는 블록

5번 목표 수준, 6번 해결 방법, 7번 소요비용/이익(효용), 8번 실행 주체/역할 구분, 9번 홍보/안내/커뮤니케이션입니다. 기획서가 통과된다면 지금부터 이후 3~6개월 정도는 어떤 현장실행전략 취할 것인가 주력으로 담기게 됩니다.

'6개월 이후부터 2~3년 후의 중장기 미래'에 해당하는 블록

10번 핵심 지표/성공 모습, 11번 위험요인/Bug Case, 12번 후속 연결 과제입니다. 여기에는 중장기적으로는 어떤 사안을 고려하여 기획 아이템을 견고히 할 것인지 제시하는 미래 영역의 메시지가 담깁니다. 최근 경영 환경이 너무 빨리 변화하고 돌발 변수가 잦아지다 보니, 중장기 미래의 기준을 1년 이후 정도로 좀 더 짧게 설정하기도 합니다.

기획서 캔버스에 있는 12개 블록을 해당 시제에 맞춰서 잘 작성하게 되면 과거부터 시작해서 미래까지 연결하는 시간적 맥락이 탄탄한 기획서를 만들 수 있을 것입니다. 기획서의 과제를 '**과거-**

'현재-단기미래-중장기 미래'를 관통하는 거시적 시간개념을 적용해서 보면 좋은 점이 하나 더 있습니다. 바로 '**우선순위**'를 확인할 수 있다는 점입니다.

내가 할 일 vs. 주변에게 부탁할 일
지금 할 일 vs. 나중에 할 일

구분	지금 할 일	나중에 할 일
나, 우리 팀이 할…	지금 찾아내야 할 것 지금 실행해야 할 것	
다른 팀/상사가 도와줄…	지금 공유해줘야 할 것 지금 도움 받아야 할 것	

이 그림처럼 과거부터 현재 그리고 미래의 구조를 보게 되면 내가 지금 해야 할 것, 나중에 해야 할 것을 확인합니다. 또한 상사나 유관부서를 통해 지금 도움을 얻어내야 하는 것과 나중에 도움 받아야 하는 것이 보입니다. 이를 통해 과제 접근의 우선순위를 반영한 액션플랜을 정확하게 설정합니다.

전략은 딱 두 가지를 찾는 것이라 합니다.
바로 '집중할 것'과 '먼저할 것'
기획서 캔버스는 기획자의 전략적인 접근을 돕습니다.

4

메시지 단계에서 생성형 AI 활용하기

    생성형 AI를 가장 잘 활용할 수 있는 곳은 메시지를 설정하는 단계입니다. 생성형 AI는 실무자가 가진 시야의 폭을 넓힐 수도 있고 더 다양한 자료를 수집하는 데 유용한 도움을 줍니다. 기획서를 작성할 때 메시지 단계에서 벌어지는 다양한 사례를 바탕으로 유형을 구분하고 각 유형마다 적절한 활용 방법을 제안해 보겠습니다.

    (단, 생성형 AI는 지금 하루가 다르게 바뀌고 개선되고 있습니다. 이 책이 출간되고 또 세상이 바뀌어 있을 수 있으니 책에 나오는 내용이 정답은 아님을 고려해주십시오.)

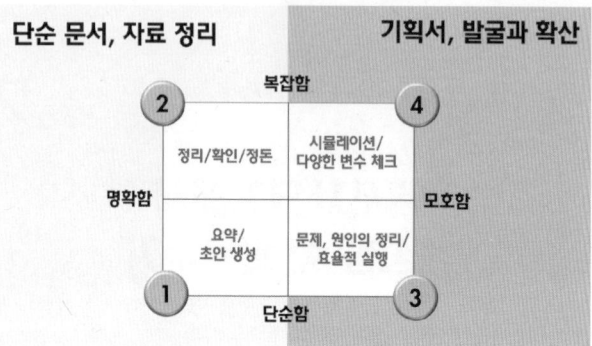

　이 그림처럼 기획서에서 다루는 과제와 그 속에 있는 메시지의 유형은 크게 '복잡한가? or 단순한가?' 그리고 '명확한가? or 모호한가?'의 구분으로 접근할 수 있습니다.

　과제와 메시지가 **복잡하다는 것**은 다중 목표가 있거나, 다양한 변수가 있거나, 고려사항이 많다는 것을 말합니다. 반면 **단순하다는 것**은 정량화가 가능하거나, 관련된 요소가 적고 요소 간 인과관계가 뚜렷한 것을 말합니다.

　과제와 메시지가 **모호하다는 것**은 추상적이고 해석과 확장의 여지가 많거나, 무엇이 옳은지 성공을 정의하는 지표가 다양하다는 것을 말합니다. 반면 **명확하다는 것**은 구체적이며 계량화되어 있고, 핵심 요소가 명확하고, 프로세스로 서열과 전후 관계를 정립할 수 있다는 것을 말합니다.

1번:
명확하고 단순한 과제

생성형 AI에게 자료 요약을 시키거나 초안을 생성을 하게 하면 됩니다.

가장 쉬운 테마이자 일상에서 반복되는 것이므로 쉽게 진행할 수 있습니다. 인간은 프롬프트만 잘 설정하면 됩니다. 그리고 한두 번의 수정 보완이면 됩니다. 명확하고 단순한 과제는 아래와 같이 심플하고 단순합니다.

- 3분기 ○○본부 워크숍 진행 방안
- 미수채권 축소 방안
- 신입 사원 OJT 체계 마련

생성형 AI에게 주는 주요 프롬프트는 아래의 내용이 들어가야 합니다.

- 보고서의 목적과 설득 대상, 활용 장면
- 보고서에서 다루는 깊이

- 보고서의 스타일
- 보고서의 분량

2번:
명확하지만 복잡한 과제

정리/정돈/체크가 필요한 상태입니다. 시간과 품이 들어가는 작업입니다.

예를 들어, 25년 WTO, OECD, OPEC 등의 보도자료에서 국제 유가에 대한 전망치를 분석하여 공통적인 내용을 추려야 한다는 과제가 될 수 있습니다. 예전 같으면 일일이 자료를 출력하고 번역하여 종합 정리를 해야 하는 몇 주간의 야근이 있어야 가능했지만, 이제는 고도로 훈련된 생성형 AI가 충분히 잘해줍니다. **특히 생성형 AI의 진가가 나오는 영역입니다.** 또한 기획서에 담고자 하는 메시지가 진실인지 팩트 체크를 하거나 논리의 비약이 없는지 찾아내는 작업이 여기에 해당할 수 있습니다.

생성형 AI에게 들어가는 주요 프롬프트는 아래의 내용들이 포함되어야 합니다.

- 자료 입력(파일, 이미지, 출처 사이트)
- 자료 분석을 통해 얻고자 하는 메시지 또는 해결해야 하는 질문
- 검증이 필요한 테마 또는 원하는 자료, 자료의 수준, 출처, 신뢰도
- 결과물 활용 장면
- 분석 방법, 중점 포인트
- 결과물(보고서)의 수준과 양식 형태
- 결과물(보고서)에 꼭 들어가야 하는 항목들

1번, 2번의 사례는 기획서이기보다는 단순한 보고서, 자료 정리에 가까운 테마라고 볼 수 있습니다. 이제부터는 일명 '기획서 스러운' 내용의 테마를 다룹니다.

3번:
모호하지만 단순한 과제

현재 명확한 정보와 증거가 없지만 밝혀내고 찾아내서 원인을 짚어내고 거기에 맞는 해결책을 제시하는 것이 중점입니다.

문제, 원인이 명확하지 않지만 해결을 위한 접근 방식은 상대적으로 단순한 경우가 여기에 해당합니다. 기획서에는 문제 정립과

해석, 다양한 영향 요소의 제시, 벤치마킹을 위해 유사 사례를 찾아내거나 참고할 만한 근거, 다양한 원인을 바탕으로 가장 밀도 높은 근원을 선정하여 맞춤형 해결책을 제시하는 접근이 필요합니다.

"무엇이 진짜 문제이고 무엇이 그것을 일으키는가?", "우리에게는 문제인 것이 다른 회사에는 문제가 아닌 경우가 있는가? 왜 그런가?" 이러한 핵심 질문에 어느 정도 방향이 있어야 생성형 AI가 도움을 줄 수 있습니다.

따라서 모호하지만 단순한 과제부터는 기획자의 판단과 현실적인 감각이 일정 수준 필요합니다. 기획자의 사리 판단과 해석이 생성형 AI 활용에 앞서야 하는 과제입니다. 예를 들어, 전사 회의문화 고취를 위한 방안 도출, 중장년 대상의 브랜드 이미지 제고 방안 마련 등이 이러한 테마가 될 것입니다.

생성형 AI를 활용할 때 주요 요청 사항과 흐름은 다음의 프롬프트 흐름을 권장합니다.

- **■ 현상, 문제 상황 입력 후 문제 정의 요청**

    "현재 상황은 다음과 같아 + [현상 기술], 이 상황에서 문제를 어떻게 정의할 수 있을까? 가능한 원인들을 구조화 해서 정리해줘."

■ **실무자의 해석과 판단 입력 후 적합도 확인**

"내 생각은 ~가 원인이라고 생각하고, 이에 대해 ~한 현장 요청과 경영진의 기대가 있어."

"또 다른 반영 필요사항이 있을까?"

■ **유사한 사례의 벤치마킹 자료(원하는 수준, 출처) 요청 후 교훈 도출**

"우리와 유사한 문제를 겪은 조직이나 기업의 대응 사례를 정리해줘. 결과가 성공적이었는지 여부도 함께 알려줘."

"'○○'와 같은 주제로 진행된 프로젝트 사례를 국내외에서 조사해줘."

■ **핵심 원인 도출 및 영향 요소 우선순위**

"이 이슈에 영향을 줄 수 있는 요인들을 카테고리별(조직, 사람, 시스템 등)로 정리해줘."

■ **원인별 실행 아이디어 도출**

"이 중에서 가장 밀도 높은 원인은 [선택한 원인]이라고 가정할 때, 이를 해결할 수 있는 실천 방안을 3~5가지 제시해줘."

4번:
복잡하기도 하고 모호한 과제

가장 고차원적이고 기획자의 해석 능력, 프레임워크 구성력, 그리고 생성형 AI 활용 전략이 가장 많이 요구되는 영역입니다.

해결해야 할 과제가 추상적이고 다양한 해석이 가능하며 이해관계자와 제약 조건이 얽혀 있어서 한 가지 해결책을 도출하기 어렵습니다. 원인과 결과 사이의 연결이 뚜렷하지 않아서 길게 보면서 실험적으로 접근해야 하는 과제입니다. 문제에서는 해석과 판독이 필요하고 실행에는 우선 순위와 지속적 완급 조절, 결과 확인과 수정이 필요합니다.

예를 들면, 아래의 테마와 같이 기존에 없던 것에서 새로운 것을 만들어내 문제를 돌파하거나 미래를 대비하는 내용이 많습니다.

- AI 윤리 가이드 라인 수립
- 국민연금의 현실적 개혁 방안 마련
- ○○사업의 지속 가능성 확보 방안 마련

기획서에는 당면 상황의 다양한 해석, 직간접적인 원인들의 구조화, 시나리오별 접근 방향 설정 및 최적화가 들어가야 합니다. 특히 복잡하면서 모호한 테마에서는 바로 기획서를 바로 쓰기보다는 다양한 관점과 해석을 상호 점검하고 확인하는 것이 우선되어야 합니다. 따라서 AI에 활용할 때 주요 요청 사항과 흐름은 아래를 권장합니다.

■ **배경, 요청 사항, 작업 방식 설정**

"~한 배경에서 시작된 과제야, 경영진의 핵심 요구는 ○○이고 회사의 방향은 ○○것이 존재하고 있어, 이제부터 기획서를 쓰기 위해 필요한 내용을 정리하려고 해, 맥킨지 컨설턴트로서 답변을 해주되 이 내용은 나중에 최종 기획서를 작성하기 위한 메시지로 쓰여질 것을 염두해줘."

■ **문제 인식과 구조화**

"다음과 같은 모호한 문제/과제를 겪고 있어 + [문제/과제 서술], 이를 '문제 정의-가능한 원인-영향 요소'로 구조화해줘."

■ **요인 탐색 및 영향 관계 정리**

"이 현상에 영향을 미치는 요인들을 내외부 요인으로 나누고, 직접 요인 vs 간접 요인, 금전적 요인 vs 비금전적 요인으로 구분해서 정리해줘."

■ **유사 사례+실패 사례 조사**

"[과제명]과 유사한 기획/전략 사례를 국내외에서 조사해줘. 그리고 벤치마킹 결과 중 실패 요인과 성공 요인을 비교 분석해줘."

■ **사고 프레임 제안**

"이런 모호한 과제를 접근할 수 있는 프레임 워크(예: 시스템 사고, MECE, 조직진단, 행동과학 기반 등)를 추천해줘. 각 프레임 워크를 적용했을 때 기대 효과도 알려줘."

■ **시나리오별 접근과 리스크**

"이 과제에 대해 ①기술적 접근, ②문화적 접근, ③제도적 접근 세 가지 시나리오로 나눠서 실행 방안과 그에 따른 리스크를 비교해줘."

■ **실행 아이디어 도출**

"이 문제에 대한 가설이 [가설 A]일 때, 소규모로 시도해볼 수 있는 실험 설계를 제안해줘."

■ **실행 후 후속 연결 과제**

"핵심 리스크를 대비하기도 하고, 이 과제의 현장 속 성과와 효과성을 높이기 위해서는 실행 이후 중장기적으로 추진해야 하는 후속 과제는 어떤 것이 있을까?"

Quick 버전!

5

기획서 캔버스로
생성형 AI 활용 극대화하기

　프롬프트를 따로 입력하는 것도 도움되지만, 앞서 소개해 드린 기획서 캔버스의 구조를 생성형 AI에게 학습시키고 나서 기획서에 들어갈 메시지를 도출하는 것도 매우 효율적인 방법일 수 있습니다.

　이 작업은 제가 생성형 AI를 활용하여 기획서를 만들 때 사용하는 주요 방식이므로 정답은 아닙니다. 사용자의 취향과 전략에 따라 효율적인 것을 찾아가기를 바랍니다. 기획서 캔버스를 기반으로 생성형 AI를 활용하여 메시지를 도출하는 흐름을 설정해 보면 아래의 그림과 같이 5단계로 정리할 수 있습니다.

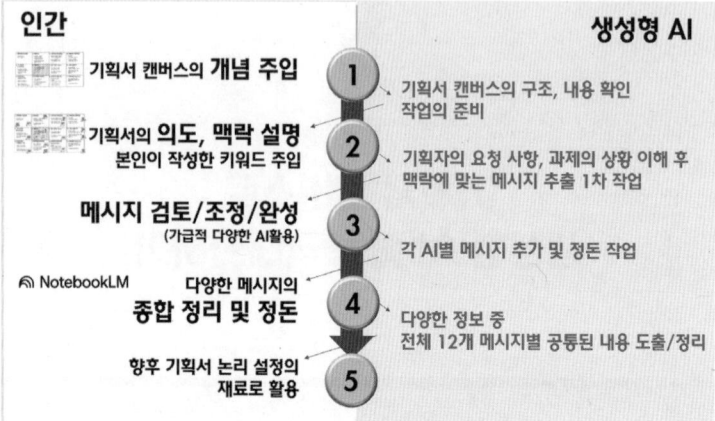

1단계:

생성형 AI에게 기획서 캔버스를 소개하고 이해하도록 요청합니다.

"기획서를 작성할 때 참고할 만한 요소를 담고 있는 *Tool*이야, 먼저 이 *Tool*의 내용과 구조를 이해해줘 (기획서 캔버스를 이미지로 입력)"

그러면 생성형 AI는 기획서 캔버스 12개 메시지에 들어갈 내용과 상호 연결되는 내용을 이해하게 됩니다.

2단계:
기획서의 작성 목적, 주요 쟁점을 소개하고 본인이 생각한 핵심 메시지를 담은 캔버스를 이해시키고 작업을 완성하도록 요청합니다.

"○○에 대한 기획서를 준비하고 있어, 경영진의 요구는 ○○이고 ○○의 내용을 위주로 실행하는 것을 계획 중이야, 우선 고려해야 하는 키워드를 내가 입력한 내용이야 (본인이 작성한 기획서 캔버스 이미지 입력), 지금부터 맥킨지 컨설턴트로서 이 내용을 참고하여 각 요소에 들어갈 내용을 추가하여 완성해줘, 각 메시지들은 서로 같은 맥락으로 존재해야 해."

그러면 생성형 AI는 기획서 캔버스의 내용을 주어진 상황과 맥락에 맞도록 전문가의 조언을 담아 완성하게 됩니다.

3단계:
생성형 AI가 작성한 메시지를 검토하고 필요하면 보완합니다.

"좋아. 방금 나온 내용을 유지하되 ○○에 대한 내용이 보강되었으면 좋겠어. 돈/시장/고객과 관련한 수치를 가상이라도 좋으니 넣어줘, ○○산업의 유사사례가 더 보강되길 원해. 또한 리스크에는 ○○를 추가해서 반영해줘. 방금 했던 작업을 기반으로 다시 보강해줘."

그러면 생성형 AI는 추가로 수정 보완합니다. 만약 기존에 했던 내용을 유지하면서 보강하고 싶다면 "방금 한 내용을 유지하되"라는 지시가 있어야 합니다.

(1~3단계의 작업은 하나의 생성형 AI보다 최소 2가지 이상의 다양한 생성형 AI를 활용해 보는 것을 권장합니다.)

4단계:
다양한 생성형 AI의 작업 결과물을 하나로 통합합니다.

생성형 AI마다 특징이 조금씩 다릅니다. 어떤 생성형 AI는 보편적인 추론과 정보 탐색을 잘하는 반면, 어떤 생성형 AI는 논리적인 전개에 강하며, 참고자료 추출에 능통합니다. 다만 이 책에서는 생성형 AI를 특정하지는 않으려 합니다. 하루하루 기능이 보완되고 있기 때문에 앞으로는 대부분 고도화된 수준으로 유사해질 것으로 보입니다.

한 가지 생성형 AI만 쓰기보다는 두세 개를 활용해 최적의 메시지로 종합 정리하여 선정하는 것을 추천드립니다. 이 작업은 현재는 구글의 'NotebookLM'이 가장 최적화되어 있습니다.

> ('NotebookLM'에 다양한 버전의 12개 메시지를 입력하고 나서)
> "지금 등록한 내용들을 종합하여 12개 메시지별로 가장 공통적인 내용을 중심으로 최종 정리해줘. 단순 종합하는 것이 아니고 기획을 위해 선별하는 작업임을 염두해줘. 특히 구체적인 수치나 참고할 자료가 있다면 남겨서 반영해줘."

그러면 생성형 AI는 입력된 몇 가지 버전의 자료를 종합하여 공통된 내용을 중심으로 구체적인 특이사항을 살려서 12개 메시지별로 최종 정돈을 해줍니다. 여러 생성형 AI가 만든 결과물의 쓸모 있는 메시지만 추출하는 것입니다.

5단계:
이 결과물은 기획서 논리 설정 단계 시 재료로 활용합니다.

이렇게 만들어진 12개 메시지의 내용을 기반으로 논리를 설정해야 기획서에 반영하는 내용이 기획자의 의도에 맞도록 유지될 수 있습니다. 이 내용은 다음 '논리' 파트 마지막에서 다시 다룹니다.

2부

논리

기획서를 작성하는 2번째 단계

기획서 캔버스를 작업할 때의 경쟁력은 '수집'입니다.
최대한 다채롭게 많이 알아보고 다양하게
파헤쳐 보는 것이 중요합니다.
하지만 기획서의 목차를 잡는 논리 단계의 경쟁력은
'버리기'입니다. 불필요한 내용과 뼈대를 그냥
남겨두지 않는 것이 중요한 단계입니다.
버리는 것이 진짜 실력임을 잊지 마십시오.

'구슬이 서 말이어도 꿰어야 보배'라는 속담처럼
아무리 좋은 메시지를 잡았어도
올바로 꿰어내지 못하면 소용이 없습니다.
좋은 메시지는 흐름과 논리 속에서 그 역할을 다 할 수 있습니다.
목차를 잡아가는 과정은 기획서의 골격을 만드는 것과 같습니다.

최소한의 분량을 유지하지만 스토리가
최대한 살아날 수 있는 기획서 목차를
어떻게 만들어가는지 소개합니다.

1

'무엇을'보다 '왜'가 먼저입니다: Why-What-How

　기획서 작성을 위해 사전에 분석하고 다듬은 메시지를 최대한 솎아낸 후 남은 메시지에 '질서'를 부여해야 하는데 이때 부여되는 질서, 즉 교통정리가 바로 **'Why-What-How'**입니다. 그런데 많은 실무자가 Why에 응답하는 항목을 비중 있게 다루려 하지 않습니다. 내심 이런 생각을 하기 때문입니다.

> *"아니… 왜냐구요? 이걸 왜 해야 하냐구요? 당신이 시켰잖아요! 당신이 시켜놓고 왜 해야 하는지를 나한테 물으면 어떡해요?"*

하수의 마인드입니다. 경영진은 본인이 지시해서 기획 과제가 발제되었어도 실무자의 눈을 통해 과제의 타당성을 검증한 이후 실전으로 들어가고 싶어 합니다. "**내가 시켰지만 당신도 정말 그렇게 생각하는지 알고 싶어**", "**내가 시켰지만 실무자의 눈을 통해 타당성을 확인하고 싶어**"라는 기대를 가지고 있다는 사실을 잊지 마십시오.

그들은 "**왜 그래야 하는가?**" 즉 현재의 상황이 어떤지, 무엇 때문에 이 사안이 필요한 것인지 제일 먼저 알고 싶어 합니다. 경영진은 기획 과제의 추진 배경, 정확한 목적이 무엇인지 제일 먼저 듣고 싶어 합니다.

기억하십시오. **What보다 Why가 먼저입니다.** 그러므로 기획서의 목차 흐름에도 Why에 응답하는 항목이 우선 배치되어야 합니다. **기획자라면 이 과제, 이 업무를 왜 하고 있는지 알아야 하고, 말할 수 있어야 합니다.**

Why가 해결되면 What에 대한 질문이 생깁니다. '왜 해야 하는지'에 대한 답변에 수긍한 경영진의 그 다음 질문은 '무엇을 어떻게 할 것인지'로 옮겨 갑니다.

"명분은 알겠어… 무슨 문제가 있고 무슨 상황인지…
그래서 왜 필요한지 알겠는데…
그렇다면 뭘 중점으로 이를 해결하겠다는 말인가?"

What 단계에서는 간단하고 명료하게 진행 방향, 추진 전략을 제시해야 합니다. 구체적이고, 디테일한 실행보다는 주요 방향성을 중심으로 메시지를 펼치는 것입니다. '문제 상황'과 '구체 실행 계획' 사이에는 논리의 비약이 존재하기 때문에 **'개선 방향과 대응 전략'이라는 징검다리**가 하나 더 있어야 논리가 매끄럽게 흐를 수 있습니다. **Why에서 How로 점프하지 마십시오.**

Why와 What이 해결되면 마지막으로 경영진이 알고 싶어 하는 질문이 있습니다. 바로 'How'입니다.

"왜 해야 하는지, 그래서 무엇에 중점을 둬야 하는지는
이제 알겠는데… 그것을 어떻게 실행할 거지?"

'의지'와 '방향'만으로는 경영진을 감흥시킬 수가 없습니다. 경영진은 실행에 대한 구체적인 대안이 있어야 비로소 마음을 열고

대안의 적합성을 바라보기 시작합니다. 안개 속에 있더라도 결국 손에 잡히는 게 있어야 마음 편하게 결재를 합니다.

 기획서 How 단계에서는 구체적이고 현실적인 실행 방법을 제시해야 합니다. 구체적으로 무엇을 어떻게 할 것이고, 언제부터, 돈을 얼마를 들이고, 누가 할 것인지의 내용이 명확히 담겨 있어야 합니다.

 'Why-What-How'는 모든 기획서의 핵심 흐름입니다.
 그래서 아래의 그림처럼 기획서 캔버스에도 Why-What-How가 존재합니다.

Why	What	How
1. 문제상황/도전상황 - 무엇이 문제인가? - 무엇이 아쉬운가? - 어떤 도전과 변화 필요점이 있는가?	**4. 목표수준** - 무엇을 어느 수준까지 확보/개선 할 것인가? : 구체성과지표 및 목표수준 - 본 과제를 통해 어떤 모습이 만들어져야 하는가?	**7. 소요비용/이익(효용)** - 주요 비용/자원투입 구조는? : 향후 어떻게 줄일 것인가 - 주요 수익/효용 구조는? : 향후 어떻게 늘일 것인가	**10. 핵심지표/성공모습** - 과제수행이 성공한 모습은 무엇인가? - 무엇을 추적/관리해야 성공을 증명할 수 있는가?
3. 고객/현장의 Real Needs - 고객/현장은 궁극적으로 어떻게 변화되기를 바라는가? - 무엇이 어떻게 바뀌기를 원하는가?	**6. 해결방법** - 주요 **접근 방향** - 세부 Action - Time Plan	**9. 홍보/안내/Comm.** - 누구를 대상으로 무엇을 어떻게 안내할 것인가? - 누가 무엇을 어느 수준까지 알아야 하는가?	**12. 후속 연결과제** - 이후에 진행해야 할 후속 중장기 과제는 무엇인가? - 과제의 목적/취지를 지속하기 위해 연계해야 하는 활동은 무엇인가?
2. 회사의 방향/경영진의 기대 - 경영진이 가장 중요하게 생각하는 것은 무엇인가? - 중장기 전략방향, 핵심가치 비전/미션과 어떤 연관성이 있나?	**5. 벤치마킹/유사사례** - 선진사, 동종업계는 어떻게 하고 있나? - 유사한 성공/실패사례가 있는가? - 우리는 무엇이 강하고 무엇이 약한가?	**8. 실행주체/역할구분** - R&R은 어떻게 되는가? - 결과물을 활용하는 사람은 누구인가? - 누구와 협력해야 하는가? - 이해당사자는 누구인가?	**11. 위험요인/Bug Case** - 추진/실행을 어렵게 하는 것, 결과물을 무의미하게 하는 것은 무엇인가? : 어떻게 제어해야 하는가?

Why에 해당하는 경영진의 질문은 문제 상황/도전 상황, 회사의 방향/경영진의 기대, 고객/현장의 Real Needs, 벤치마킹/유사 사례 영역의 메시지가 해결해 줄 수 있습니다.

"**Why? 왜 해야 하는가? 어떤 문제가 있는가?**"에 응답하는 메시지는 아래와 같습니다.

> *실제 우리에게는 ○○ 문제가 있고,*
> *이 건에 대한 회사의 방향과 전략은 ○○입니다.*
> *또한 현장과 고객이 원하는 것은 ○○이며*
> *실제 선진사와 경쟁사도 ○○의 움직임을 보이고 있습니다.*

What에 해당하는 경영진의 질문은
목표 수준, 해결 방향(방법)의 메시지가 중점으로 해결해 줄 수 있습니다. "**What? 무엇을 해야 하는가?**"에 응답하는 메시지는 아래와 같습니다.

> *따라서, ○○ 문제 상황을 ○○ 수준까지 바꾸는 것이 목표이며*
> *○○한 접근과 전략 방향을 통해서 가능해집니다.*
> *이는 기존과는 ○○이 다르며, ○○의 장점을 가지고 있습니다.*

How에 해당하는 질문은 소요비용/이익(효용), 실행 주체/역할 구분, 홍보/안내/Communication, 핵심 지표/성공 모습, 위험요인/Bug Case, 후속 연결 과제의 메시지가 중점으로 해결해 줄 수 있습니다. "How? 어떻게 할 것인가?"에 응답하는 메시지는 아래와 같습니다.

> ○○을 추진하기 위해서는
> ○○의 금액이 소요될 예정이나, ○○시점에는
> ○○의 이익이 될 것입니다.
> ○○가 주체가 되어 실행할 것이며
> 또한 ○○를 대상으로 ○○ 지속적으로 소통하고 설득하여
> 이해와 협조를 구할 것입니다.
> 이 추진 과제가 진정 잘 되고 있는지를 파악하기 위해서
> ○○ 지표를 추적 관리할 예정이며
> ○○의 위험이 예상되나 ○○ 하면 문제가 없을 것입니다.
> 마지막으로 ○○ 건이 잘 추진되고 나면 이후에는 ○○ 건을
> 후속으로 진행하면 최적이 될 것으로 보입니다.

2

언제 어떤 보고서가 작동하는가?: 비즈니스 5대 문서

대한민국의 모든 조직에서는 다섯 종류의 비즈니스 문서로 의사소통을 하고 책임 소재를 가리고 기록을 남깁니다. 각기 다른 상황에 따라 작성되다 보니 각 문서의 이름과, 본질, 집중해야 할 내용이 달라집니다. 이제부터 비즈니스 5대 문서가 무엇인지, 어떤 특징을 가지고 있으며 무슨 목차가 구성되어야 하는지 알아보겠습니다.

품의서/기안서

일반적으로 '품의서'와 '기안서'라는 이름이 병행되면서 존재합니다. 보통 회사마다 부르는 이름이 다를 뿐 본질은 같습니다.

보통 '무언가를 **시행하기 전에 상사의 확인과 동의를 받고자 하는 경우**'에 작성하는 문서가 '품의/기안서'입니다. 품의/기안서에는 구체적 실행에 대한 정확한 정보들이 담겨 있어야 하므로, 일정 계획, 수량, 단위, 금액 등에 대한 정확한 수치를 필요로 합니다.

참고로, '품의'에서 '의'는 '의논할 의議'입니다. 그렇다면 '품'은 어떤 의미의 뜻을 가진 한자일까요? 많은 사람들이 잘 모르겠다고 응답하거나 '물건 품品'이라고 말하는 경우가 많습니다. '품의'에서 '품'은 한자로 '여쭐 품稟'입니다. 즉 '품의'란 상사의 의견을 묻고 논의하는 것이 목적인 문서입니다. 쉽게 말하면 **"이렇게 하겠습니다. 동의하세요?"가 품의/기안서의 본질이자 목적입니다**. 따라서 품의/기안서에는 최대한 구체적인 실행 방법을 중심으로 목차를 설정해야 원래의 취지와 본질에 가까운 문서를 구사할 수 있습니다.

품의/기안서는 보통 아래의 상황에서 작성됩니다.

- 회사에서 사용할 비품을 구매하는 경우
- 판촉 행사를 시행하는 경우
- 교육과정을 운영하는 경우
- 계약을 진행/연장하는 경우

결과 보고

일을 **실행한 후 결과를 정리해야 경우**에 작성합니다. 모든 업무에는 끝이 있고, 좋든 안 좋든 결과가 나옵니다. 비용과 자원이 투입되었다면 그 결과가 어떻게 되었는지 알려주는 것은 비즈니스의 매너이자 의무입니다.

일반적으로 품의/기안서와 결과보고서는 항상 업무 처리의 처음과 끝으로, 문서에 담고 있는 내용은 서로 마주보고 있어야 합니다. 그러므로 품의/기안서가 계획에 집중해서 써진 문서라면 결과보고서는 단순한 결과만이 아닌 **'계획 대비 결과'를 중심으로 기술**해야 합니다.

경영진이나 리더급은 이리저리 벌여놓고 지켜보는 과제들이 많습니다. 결재권자는 예전의 품의/기안서에 기록된 실행 계획을 잘 기억할까요? 아닙니다. 제대로 기억 못하는 경우가 많습니다. 따라서, '원래 계획 대비 결과'를 중심으로 기술하는 것이 결과보고서의 본질을 유지하는 것입니다.

또한 실행한 결과를 통해서 얻은 교훈 또는 실행 계획과 다르게 진행되었던 점과 그 이유를 보다 상세히 기술해야 합니다.(간혹 주니어급 실무자들이 결과 보고를 등한시하거나 단순 결과치만 가볍게 보고하려는 경우가 많습니다.)

결과보고서를 작성하는 경우는 아래와 같습니다.

- 비품을 구매하고 난 경우
- 계약을 연장 하고 난 경우
- 교육과정을 운영하고 난 경우
- 본부 워크숍을 운영하고 난 경우

결과보고서의 메시지 구조를 위한 캔버스도 존재합니다.
메시지 설정 단계에서 집중적으로 소개한 것이 '기획서 캔버스'

였습니다. 즉 어떤 과제의 시작 전에 이를 정리하고 허락을 득하는 것이 목적인 Tool입니다. 하지만 실무자들이 자주 써야 하는 문서 중 하나가 결과보고서입니다. 결과보고서도 좀 더 체계적으로 쓸 수 있도록 하는 결과보고용 캔버스도 존재한다면 도움이 되지 않을까 싶어서 다음과 같이 만들었습니다.

결과보고 캔버스

1. 기존 목적, 목표
- 기존 시행 배경
- 계획했던 기대 사항 (목표수준)
	4. 달성 결과
	- 무엇을 어느 수준까지
	  확보/개선/달성하였나?
		7. 실무자 성찰의견
		- 시행 결과에 대해
		  실무책임자로서 어떤 평가를 하는가?
		- 잘된 점, 개선이 필요한 점은
		  무엇인가?

2. 실행경과
- 무엇을 어떻게 실행하였는가?
  (실행 주체, 기간, 장소 등)
	5. 현장/고객의 반응
	- 현장/고객은
	  어떤 반응을 보이는가?
		8. 향후 강화방법
		- 향후 유사한 Case를
		  더욱 잘하기 위해서는
		  무엇을 해야하는가?
		- 새롭게 얻은 교훈을 확대 적용할
		  방안은 무엇인가?

3. 집행비용
- 어떤 금액이 어떤 항목으로
  투자되었는가?
  (직접비용, 간접비용)
	6. 비용효과성
	- 집행한 비용/시간/자원 대비
	  어떤 의미가 있는가?
		9. 상사에 대한 요청
		- 시행 시 애로사항에 대한
		  상사의 필요 도움은 무엇인가?
		- 어떤 지원이 있었다면
		  더 큰 성공을 만들 수 있었는가?

결과보고서 캔버스는 '**계획 대비 결과**', 그리고 그에 대한 '**성찰**'**에 보다 집중**합니다.

1, 2, 3번 블록에서는 실제 실행한 경과와 사용 비용에 대한

'Fact'가 중심이 됩니다.

하지만 Fact만 존재하는 결과보고서는 너무 무성의합니다. "**원래 무엇을 하려고 했었고, 실제 무엇을 했고, 돈을 얼마 썼습니다**"는 너무 단순한 경과 보고입니다. 모든 자원 투자에는 교훈이 있어야 합니다. 조직과 회사와 개인은 교훈으로 진화합니다. 교훈이 없는 실행 결과는 결국 제자리걸음 하는 것과 다를 바가 없습니다. 경영진, 리더급은 실무자에게 '결과 보고'를 원하는 것이지 '경과 보고'를 원하는 것이 아닙니다.

> "그래서 현장의 리얼한 반응은 무엇이었고 우리 회사는 어떤 교훈을 얻었고, 앞으로는 이 일을 이렇게 하는 것이 훨씬 더 효과적이라 생각합니다!"

이 내용까지 있어야 진정한 '결과 보고'입니다.

4~9번까지의 블록에서는 실제 얻어낸 변화 수준, 현장/고객의 실제 의견, 실무자로서의 성찰 의견, 새롭게 얻은 교훈의 활용을 주로 다룹니다. 'Fact(결과)'에 대한 분석인 'Reflection(교훈)'이 중심이 됩니다.

진심으로 성과를 고민하는 실무자라면, 그리고 유효한 결과보고라면 Fact의 전달을 기반으로 한 Reflection이 우선되어야 합니다. 이중 9번 블록을 유념해서 보시길 바랍니다. 상사에 대한 건의나 희망사항을 정리하는 블록입니다. **상사는 일을 더 잘하게 만들어야 하는 책임이 있는 사람이자 실무자의 동지입니다.**

공손하지만 정확하고 중립적으로 들어오는 부하직원의 요청은 쉽게 거부할 수는 없습니다. 상사로 하여금 실무적 고민에 동참하도록 만들어야 실무자가 일을 더욱 잘하도록 유도하는 토양이 생기게 됩니다.

이렇게 실무자가 상사의 도움을 얻어내는 전략적 행동을 약간 어려운 말로 'Managing Up(상사 관리)'라고도 부릅니다. 잘 써진 합리적인 문서로 상사를 관리할 수 있습니다. 실제로 가능합니다. 말이 아닌, 정확하게 글로 정리된 Fact와 교훈으로 합리적으로 전달해 보십시오. 상사가 달라집니다.

상황보고

비즈니스는 항상 순항하지 못합니다. 이런저런 돌발 변수가 발생하고 예측하지 못했던 위협 요인이 발생합니다. 이런 경우, **빠른 시간 내 경영진에게 현재의 상황을 정확히 알려주고** 필요한 경우에는 기존 의사결정을 수정하기도 해야 합니다. 입으로만 보고할 수 없으니, 이때도 '상황(분석)보고서'가 작성되어야 합니다.

상황(분석)보고서는 보통 예상하지 못했던 돌발 상황이 발생했을 때 작성되는 것이 일반적이나 큰 프로젝트의 중간 과정에서 진척 상황을 정례적으로 보고할 때에도 작성되기도 합니다.

상황(분석)보고서는 과거와 현재의 '시점'으로 기술하게 됩니다. 현재와 미래를 중심으로 언급하는 품의/기안서와 가장 다른 것이 '시점'입니다. 상황(분석)보고서에서는 수치적인 측면도 중요하지만 Fact에 대한 전체적이고 다각적인 관점이 조망되어야 합니다. 또한 Fact에서만 그치지 않고 향후 회사의 방향 또는 실무자의 간단한 의견 정도는 포함되어 있는 것이 좋습니다.

상황(분석)보고서를 작성하는 경우는 아래와 같습니다.

- 사고 발생으로 인한 당사 피해 여부를 보고하는 경우
- 우리 회사 사업과 관련된 정부 규제가 새롭게 발표되어 이에 대한 영향을 보고하는 경우

- 동종업계에서 사고가 발생하였으나, 우리 회사에도 유사한 가능성이 있을 것이라 보이는 경우
- 신규 설립된 경쟁사로 인한 당사 파급 효과를 분석하는 경우

공문서

회사에서는 문서가 흘러 다닙니다. 조직을 인체에 비유한다면 문서는 피에 해당합니다. 메시지와 약속이 명문화되어 필요하면 책임 소재를 가리는 근거로도 사용되는 것이 문서입니다. 본인이 소속된 조직 내부에서 사용되는 목적이 아니고 다른 조직에 전달하기 위해서 만들어지는 문서를 일명 '공문서'라고 합니다. 우리나라 대부분 기업에서는 일명 '업무 연락', '통신지', '협조문', '협조전'이라는 명칭을 병행하여 사용하기도 합니다.

공문서는 다른 회사/다른 조직에 전달하는 문서이므로 **통보 내용, 요청 사항 등이 최대한 구체적이고 명확하게** 작성되어야 합니다. 대개 공문서를 받아보면 (공문을 발송한) 그 회사의 수준을 가늠할 수 있습니다. 공문서는 내부적으로 통용되는 문서가 아니므로 매우 공식적이어야 하며, 상대에 대한 예의를 갖추어서 작성해야

합니다.

공문서의 최고 수준을 가늠하는 말이 있습니다. **"상대에게 전달한 후 문의가 오지 않는 공문서가 최고다."** 이를 반대로 해석하면, 최악의 공문서는 전달하고 나서 상대의 문의가 빗발치는 경우입니다. 공문서는 상대 입장에서 궁금증이 없는 수준까지 요청 사항이나 안내 사항이 명확하고 구체적이어야 합니다.

공문서가 작성되는 경우는 아래와 같습니다.

- ○○회사에서 공정거래위원회에 연간 매출 실적을 통보하는 경우
- 인사팀에서 각 팀에게 신규 인원 채용 필요 규모 산정을 요청하는 경우
- 본사에서 각 지사로 새롭게 설정된 프로세스를 안내하는 경우
- A회사가 B회사에게 공식 제안서를 요청하는 경우

기획서

새로운 일을 생각하고 추진함에 있어 **큰 방향과 방법, 전략 등을 정리하여 경영진의 허락을 얻어내는 문서**를 '기획서'라고 합니다. 사실 방금 소개한 4종류의 문서에 비해서는 기획서의 난이도가 훨씬 높으며 다루는 영역, 과제의 파급 효과가 큽니다. 분량도 상대적으로 많은 것이 사실입니다.

품의/기안서와 혼동할 수 있지만 기획서는 품의/기안서가 발생하기 이전에 쓰여지는 것이 일반적입니다. **기획서는 비즈니스의 '판'을 깔아주는 문서**이기 때문입니다. 기획서로 판이 먼저 깔리고 품의/기안서의 실행이 후속으로 붙는 게 보통입니다.

기획서는 품의/기안서보다 훨씬 포괄적이고 거시적인 차원에서 접근하여 사업적, 전략적 맥락을 다루는 것이 특징입니다. 예를 들면 해외진출전략에 대한 기획서를 통해서 상황 분석, 전략적 방향, 주요 접근 전략, 세부 실행 계획을 담아 경영진의 결재를 득하게 되면, 세부적인 실행 내용은 품의/기안서(중국 진출에 따른 마케팅 비용 집행 품의, 해외주재원 파견 품의 등)를 통해 건건이 세부 내용 허락을 득합니다.

기획서는 **중장기 미래에 집중해서 전개되고 방향과 전략이 중심**이 된다는 점에서 품의/기안서와 시점이 다릅니다. 품의/기안서는 상대적으로 현재와 단기 미래에 집중하고 구체 실행안에 집중됩니다. 반면 기획서에는 **거시적과 미시적인 내용**뿐만 아니라, **기획 과제의 배경과 궁극적인 목적, 원하는 방향** 등이 명확히 담겨 있어야 합니다. 그리고 기획서에는 품의/기안서나 결과보고서만큼은 아니지만 세부적인 실행 계획 등이 뒷받침되어야 앞 단의 기획 방향이 힘을 얻을 수가 있습니다.

또한 기획의 배경과 방향도 중요하지만, **최종 개선점과 재무적인 기대효과** 등이 담겨 있어야 합니다. 회사에 도움이 되지 않는 기획은 아무런 의미가 없기 때문입니다.

기획서를 쓰게 되는 경우는 아래와 같습니다.

- 신상품 도입으로 인한 고객 커뮤니케이션 전략을 수립하는 경우
- 신상품 출시에 따른 마케팅 방안을 수립하는 경우
- 새롭게 직원복리후생 지원 제도를 신설/개선하는 경우
- 신시장 개척에 따른 해외주재원 선발/육성 방안을 수립하는 경우

3

Impact와 Compact를 위한 목차 구성

"왜 사람들은 문서를 쓸 때마다 매번 목차를 새로 고민할까?"

여러 문서들을 살펴보니 동일한 유형에 문서에는 비슷하게 반복되는 목차들이 존재하고 있었습니다. 다시 말해, 문서 유형마다 목차의 패턴이 보인다는 것입니다.

"항상 반복되는 목차의 유형을 알고 있으면 그나마 빨리 그리고 정확하게 문서의 목차를 잡을 수 있지 않을까?

그래서 십수 년 동안 제가 썼던 문서와 다방면으로 받았던 문서로 통계를 돌려봤습니다. 각 문서 유형마다 어떤 패턴의 목차가 자주 출몰하는지 그리고 어떤 목차가 더욱 비중 있게 작성되고 있는지에 대한 결과를 얻었습니다.

먼저 아래 제시된 표가 1차 통계 결과물입니다. 우리나라에서 통용되는 대부분의 비즈니스 문서에서는 다음에 소개되는 일곱 가지 목차 중 몇 가지가 선별되어 구성됩니다.

구분	주요 내용
진행 목적 (배경)	• 업무/과제에 대한 배경과 취지 • 업무/과제를 통해서 얻고자 하는 큰 이미지와 방향
현재 상황/ 문제점/ 원인 분석	• 업무/과제와 관련된 주변 환경 또는 내부적인 상황 • 업무/과제가 필요한 배경, 현장의 문제와 바람 • 현재 문제에 대한 근원적 이유, 원인
개선 방향	• 이 문제를 개선하기 위한 몇 가지 방향 • 업무/과제 실행을 통해 이루고자 궁극적 모습
추진(접근) 전략	• 업무/과제를 추진하는 큰 전략과 전술 • 거시적 접근 전략, 실행의 거대한 윤곽
실행 계획	• 세부적인 실행의 계획 • 실행 주체, 기간, 예산, 진행 방식, 프로그램 등 • 몇 가지 대안 및 장단점 • (상대에 대한) 통지 사항, 요청사항
(예상) 실행 결과	• 실행 후 (예상되는) 결과 • 계획 대비 결과 분석, 사용 경비, 향후 계획 등 • 원하는 결과인지 확인하는 절차와 방식

(예상) 집행 비용	• 실행에 있어 필요한 비용 또는 사용된 비용 • 예산 계정(항목)별 내용 • 자금 동원 계획 등

일곱 가지 목차 중

- 경영진/상사의 Why(왜 해야 하는가?) 질문에 응답하는 목차는 '진행 목적(배경)' 또는 '현재 상황(문제점, 원인)'에 해당합니다.
- What(무엇을 해야 하는가?) 질문에 응답하는 목차는 '(개선) 진행 방향', '추진 전략, 목표'에 해당합니다.
- How(어떻게 할 것인가?) 질문에 응답하는 목차는 '실행 계획(대안/장단점)', '(예상) 실행 결과', '(예상) 집행 비용'에 해당합니다.

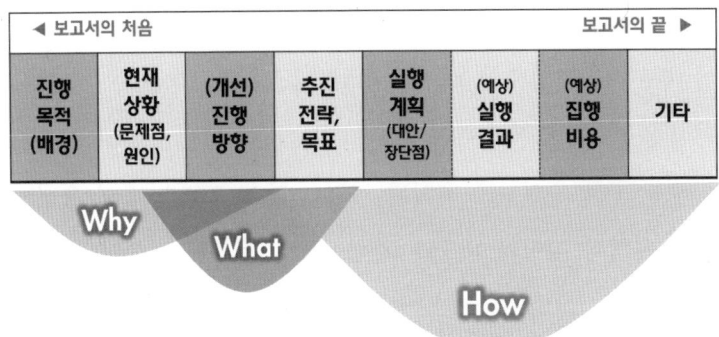

문서에 담는 내용은 어떤 기업을 막론하고 **진행 목적, 현재 상황, 개선 방향, 추진 전략, 실행 계획, 실행(예상)결과, 예상(집행)비용** 이라는 항목들이 근간이 되어 구성됩니다. 그렇다면 앞서 소개한 비즈니스 문서 5대 유형별로는 어떤 목차 조합이 나오게 될까요?

문서 유형마다 목차는 동일할 수 없습니다. 품의(기안)서, 결과보고서, 상황보고서, 공문서, 기획서는 **문서 유형의 본질과 존재 목적이 다르기 때문에 담아야 하는 목차도 달라야 합니다.** 또한 동일한 목차를 담았다 하더라도 상대적으로 비중은 달라야 하는 것이 정상입니다. 즉 문서에 본질에 맞도록 힘을 줘야 하는 목차가 있고, 힘을 빼야 하는 목차가 있다는 말입니다.

비즈니스 5대 문서별로 7대 목차의 구성(Variation)은 다음 표와 같이 정리될 수 있습니다. 저는 이를 '목차 구성 조견표'라고 부르며 대부분의 기업에서 통용되는 비즈니스 문서는 이 표에서 제시된 내용을 따르고 있습니다.

목차 구성 조견표에 제시된 것처럼 **각 비즈니스 문서 유형별로 메시지의 깊이와 비중을 차별적으로 적용해야 본인 문서의 Impact와 Compact를 유지**할 수 있습니다.

참고로, 목차 구성 조견표에는 Moon Chart로 표현한 '

목차 구성 조견표   ◐ 最高 ● 高 ◑ 中

구분	◀ 처음　　　　　문서구성의 흐름　　　　　끝 ▶							
	진행 목적 (배경)	현재 상황 (문제점)	개선 방향	추진 (접근) 전략	실행 계획 (대안/ 장단점)	(예상) 실행 결과	(예상) 집행 비용	기타
품의서 (기안서)	◑		◑		◐		●	대안/ 장단점
결과 보고서			◑		◑	●		개선 결과
상황(분석) 보고서	●	●	◑		◑			
대내외 공문	●	◑		◯	●			요청 사항
기획서	●	●	◑	◐	●	◑	●	Financial Impact

◯' 등급이 있습니다. ◐ **마크는 해당 문서에서 가장 집중해야 하고 메시지의 깊이와 분량을 많이 표현해야 한다는 뜻입니다.** ●는 중간 정도의 깊이와 비중의 수준으로 문서에 담으라는 것입니다. ◑는 상대적으로 메시지 비중을 덜 사용해야 하며, 문서에서 뺄 수는 없지만, 메시지 흐름을 유지하기 위한 들러리라고 볼 수 있습니다. ◯는 아주 가볍게만 다루는 수준이며, 필요하면 한두 줄 정도의 분량에만 그쳐도 됩니다.

위의 목차 구성 조견표에 제시된 것처럼 각 비즈니스 문서 유형별로 메시지의 깊이와 비중을 차별적으로 적용해야 본인 문서의

Impact와 Compact를 유지할 수 있습니다.

품의/기안서가 존재하는 목적은 **"이렇게 하겠습니다. 동의하시나요?"** 를 상사에게 묻는 데 있습니다. 따라서 '진행 목적(배경)', '방향성'을 가볍게 언급하고 나서 실제 과제를 추진할 '실행 계획'과 '필요 비용'을 중점으로 다루어야 합니다.

결과보고서는 상사에게 **"이렇게 했습니다"** 를 알리기 위한 문서입니다. 원래 세웠던 '개선 방향'과 '실행 계획'을 가볍게 언급하고 나서 실제 '실행 결과'와 집행한 비용의 구체 내용을 집중해서 다루어야 합니다. 또한 품의/기안서와 결과보고서의 내용은 '수미쌍관首尾雙關'을 추구해야 합니다. 항상 서로 마주보고 있어야 한다는 말이며 '계획 대비 실행', '예상 대비 결과' 등이 담겨야 좋은 결과보고서라 할 수 있습니다.

상황(분석)보고서의 본질은 **"이렇습니다"** 입니다. 따라서 상황이 발생한 배경을 가볍게 소개하고 나서 '현재 상황' 또는 '현재까지의 상황'을 집중적으로 언급해야 합니다. '배경'과 '상황'은 Fact입니다. 문서에는 Fact만 담으면 안 됩니다. 좋은 문서라면 실무자의 해석, 우리 회사에 맞춤형 메시지가 들어 있어야 합니다. 따라서 배경과 상황에서만 그치지 않고 '향후 대응 방향'에 대해서 가볍게라도 언급을 해야 좋은 상황(분석)보고서입니다.

공문서의 본질은 "○○을 해 주십시오" 또는 "○○을 알고 계십시오"입니다. 공문서는 내부 통용 문서인 품의서와는 달리 다른 조직에 보내지는 문서이므로 '목적/배경'의 항목을 상대적으로 더 풍성하게 많이 써야 합니다. 그리고 요청하는 내용이나 통지하는 내용을 최대한 구체적으로 많이 언급해야 합니다.

기획서의 본질은 "이렇게 생각하고 계획하고 있습니다"입니다. 일반적으로 기획서와 유사한 것이 제안서로, 외부의 고객사에게 제출하는 목적으로 작성됩니다. **기획서는 다른 비즈니스 문서보다는 포괄 영역이 방대하고 미래 지향적인 주제를 다루는 것이 특징입니다.** '목적과 배경', '방향'과 '전략'을 중심으로 메시지가 구사되어야 하되 구체적인 '실행'의 모습도 간과해서는 안 됩니다. (기획서의 구체적인 목차 구성 방법은 이번 장에서 더욱 깊이 있게 다룰 예정입니다.)

아래 표는 방금 소개했던 목차 구성 조건표의 Dotting된 상황을 보다 이해하기 쉽게 면적으로 표현한 것입니다. 해당 문서마다 집중되는 면적을 중심으로 목차의 비중을 산정하면 좀 더 본질에 가까운 목차를 구사할 수 있게 될 것입니다.

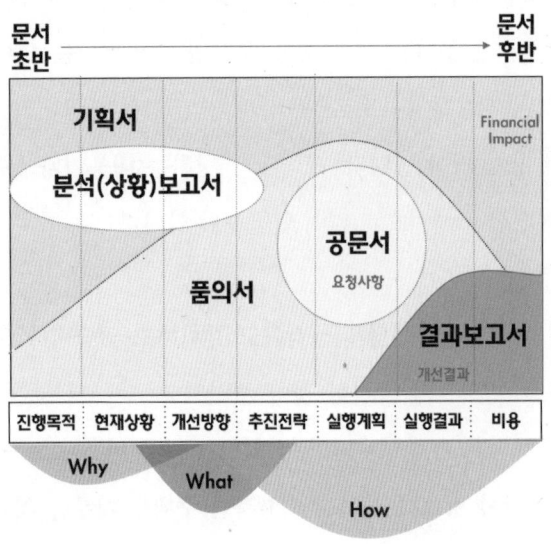

예를 들면, 품의/기안서는 '진행 목적', '현재 상황' 부문은 적은 면적을 보이지만 '실행 계획' 부문은 많은 면적을 보입니다. 반대로 기획서는 '목적, 방향, 전략' 쪽에 많은 면적을 차지하다가 '실행' 부문에서 면적이 적어지다가, Financial Impact 부문에서 다시

면적이 많아집니다.

문서의 유형마다 상대적인 깊이와 디테일, 분량 배정에 대한 감을 유지하기에 좋은 표이니 보고서를 작성할 때 지속적으로 참고해 보면 좋겠습니다.

4
완성도를 높이는 기획서의 목차 설계

　기획서를 작성하는 단계를 새로운 건축물을 짓는 행위에 비유해 보겠습니다. 건설, 건축 전문가들은 주변 상권, 땅에 대한 입지 분석, 건축물의 용도 등 최적의 컨셉이 수립되면 건축물의 설계도를 들고서 본격적으로 작업을 시작합니다. 건축물의 설계도가 뚜렷하고 명확하면 허허벌판의 땅 위에 어떻게 위치를 잡을지 쉽게 가늠할 수 있습니다.

　닥치는 대로 덤비는 마구잡이 방식은 결국 시행착오로 이어져 시간과 자원이 낭비됩니다. 차근차근 각각의 요소들을 만들어서 정확한 위치에 꽂아 넣을 수 있는 체계를 정해주는 밑그림의 역할을 설계도가 해줍니다. **설계도를 통해 훨씬 더 정확하고 빠른 공정을 추진**할 수 있게 됩니다.

기획서를 작성할 때에도 이러한 설계도 개념이 존재합니다. '**기획서 설계도**'는 기획서에 담기는 목차를 좀 더 세부적으로 정리한 것을 말합니다. 예를 들면 '문제 상황 - 해결 방향 - 실행 방법' 등의 대목차에서 그치지 않고 좀 더 디테일한 소목차까지 정리하여 표현하는 것이 '기획서 설계도'입니다.

베테랑 기획자들끼리 흔히 하는 말이 있습니다.

"기획서에 목차만 잘 잡아도 절반은 쓴 거다."

구체적이고 균형 잡힌 세부 목차를 잘 설정해 둔다면 기획서의 살을 붙여 넣기 시작하는 쓰기 단계부터는 스피드의 싸움입니다. 실제 기획서 설계도 샘플을 몇 개 예를 들어보겠습니다.

샘플 1

기획 과제 : 사내 헤드헌터 제도 신규 추진 방안

"임직원의 지인 추천을 적극적으로 활용하는 채용 프로세스를 도입하라"

목차		주요 내용 (예시)	기타
배경 (필요성)		• 기존 인력 수급의 문제 상황(퇴사자 분석 중심) • 외부사, 선진사 관련 현황(채용 트랜드, 실패 사례) • 사내 헤드헌터 제도 필요성(사업적 필요, 현장 요청)	문장, 그래프
실행 개요	주요 방향	• 제도의 접근 방향 3가지(환경적 접근, 공정성, 검증등) • 도입 시 예상 기대효과(단기적, 장기적/ 금전적, 기업문화적)	문장 테이블
	실행 개요	• 제도 개요(제도 시행 5단계 프로세스) • 3가지 항목별 차이점 제시(기존 Vs 신규)	문장
세부 실행 계획	추진 단계	• 주요 추진 계획 (의견 조사 ⇒ 제도 수립 ⇒ 시행 ⇒ 제도 검토 및 보완)	도형 테이블
	고려 사항	• 3대 Risk 및 대응 방안(무반응, 공정성 하락, 회사 편중) • 향후 제도 효율성 추적 방법 • 향후 확대 가능성(대상 직무, 면접 방식 등)	문장
별첨 사항		• 별첨 1. 임직원 의견 정리(VoC) • 별첨 2. 세부 추진 계획 Time Table • 별첨 3. 벤치마킹 결과	

샘플 2

기획 과제 : 영업 인센티브 개선 방안

**"현재의 영업 인센티브 제도에 문제가 있다.
새로운 체계로 변경하라"**

목차		주요 내용 (예시)	표현 형태
배경 (필요성)		• 기존 영업 인센티브 체계 문제 상황 • 타 사 현황	문장
실행 개요	주요 방향	• 영업 인센티브 체계 개선 방향 • 3가지 항목별 차이 제시(기존 Vs 신규)	테이블
	기대효과	• 도입 시 예상 효과(개인 차원, 회사 차원 등)	테이블 & 문장
세부 실행 계획	추진 계획	• 단계별 추진 계획(검토, 도입, 조정, 완료) • 사내 홍보 계획	도형
	도입 시기	• 최종 도입 일정(년 / 월 / 일)	연/월/일
	고려 필요 사항	• 고려 필요 사항(비용, 실효성) • 예상되는 Risk 및 제어 방안	테이블 & 문장
별첨 사항		• 별첨 1. 영업 본부 의견 조사 결과 • 별첨 2. 비용 시뮬레이션 • 별첨 3. 세부 계획 Time Table	

기획서 설계도를 올바로 작성하기 위해서 유념해야 하는 포인트들이 있습니다.

포인트 1. 각 세부 목차는 메시지의 덩어리를 잡는 것이지, 구체 메시지를 쓰는 것이 아닙니다.

디테일한 문장 표현과 단어는 이후 쓰기 단계에서 집중하여 작업하는 것이 좋습니다. 우선은 기획서 **메시지가 흘러가는 구조를 보는 전체적인 조망에 집중해야 합니다.** 뼈대를 우선 정교하게 잡는 작업이 우선되어야 합니다.

포인트 2. 각 목차들의 전후 관계를 정립해야 합니다.

각 대목차와 소목차들의 배열에는 '흐름'과 '스토리'가 보여야 합니다. 왜 이 메시지가 앞에 나오고, 저 메시지가 깊이 있게 다루어져야 하는지 명확하게 확인되도록 만들어야 기획서 작성 시 틀어지지 않습니다.

포인트 3. 기획서 메인에 들어갈 목차와 별첨으로 뺄 목차를 동시에 염두해야 합니다.

기획서는 Impact와 Compact가 필수입니다. 따라서 기획서의 메인 페이지에 담을 것과 별첨으로 붙일 것을 구분해야 합니다. 중요한 요소들만 중심으로 목차를 잡아도 분량이 넘칩니다. 목차 설계도를 보면서 자신의 기획서가 선택과 집중의 자세를 취하고 있는지 검토해야 합니다. 처음부터 적은 분량의 목차를 잡고, 필요하면 나중에 늘리는 것은 쉽습니다. 하지만 처음부터 많이 잡았다가 나중에 줄이는 작업은 훨씬 더 어렵고 복잡합니다. 일단 메인 페이지는 적은 분량으로 만드는 노력을 시도해야 합니다.

포인트 4. 각 목차의 주요 표현 형태까지 설정해 둡니다.
각 목차들은 메시지 덩어리입니다. 각각의 메시지를 어떤 방식으로 표현하는 것이 최선일지 미리 확인하고 지정해 두는 것이 좋습니다. 막상 기획서를 쓰다 보면 줄줄이 문장으로 쓰거나 비슷한 도형이나 그래프로 채우는 경우가 많습니다. 기획서를 각 페이지가 아닌 전체 관점으로 조망하면서 적절한 연출의 포인트를 미리 정해 두어야 다채로운 표현 방식을 구사할 수 있습니다.

"기획서 목차 설계도를 작성하면 무엇이 좋을까요?"

장점 1. 시간이 절약됩니다.
기획서의 뼈대를 정확히 설정하면 각 뼈대에 붙여야 하는 중요 메시지를 기획서 캔버스에서 옮겨 담는 작업만 남습니다. 사실 기획서 설계도는 작성하는 데 30분 정도의 시간이 소요됩니다. 하지만 잘 짜인 기획서 설계도는 최소 2~3일의 작성 시간은 줄여줄 것입니다.

장점 2. 삽질을 덜 합니다.

기획서 설계도를 작성하는 가장 큰 목적은 기획서의 내용을 거시적으로 촘촘하게 MECE 검토하는 것입니다. 기획서가 한 장짜리든, 열 장짜리든 그 안에 들어가는 메시지는 당연히 거시적이면서 촘촘해야 합니다. 메시지가 중복되어서도 누락되어서도 안 됩니다.

기획서에 들어가는 알맹이를 누락과 중복 없는 상태로 만들게 되면 시행착오를 최소화할 수 있습니다. 사람은 눈에 보이는 것만 파고드는 습성이 있어서 지금 당장 쓰고 있는 페이지만 집중하게 됩니다. 다른 페이지는 망각한 채 말입니다. 이런 상황을 일명 '낱장 플레이' 또는 '단락 플레이'라고 합니다.

기획서는 한 판으로 싸워야 하는 메시지 게임입니다. '기획서 설계도'를 통해 각 장마다 담아야 하는 고유한 메시지를 미리 정해서 작성하고 나중에 각 장을 합쳐서 전체로 만들었을 때 중복이 최소화됩니다. 그래야 기획서의 맥락이 살게 됩니다. 전체 구조를 모르고 무턱대고 기획서를 써 나가다 보면 메시지가 삼천포로 빠지는 경우가 허다합니다. 경로를 이탈하지 않게 해주는 것이 '기획서 설계도'입니다.

장점 3. 협업이 가능해집니다.

보통 기획서 작업은 TFT^{Task Force Team}가 만들어지면서 공동 작업을 통해 만들어지는 경우도 많습니다. 각 팀원들이 문제 상황에 대한 해결 방향과 실행 방법에 대해 동의했어도 막상 기획서를 각각 나누어 쓰다 보면 서로 다른 말을 하는 문서가 나오게 됩니다.

기획서 설계도를 TFT에서 같이 만든다는 것은 기획서의 큰 그림과 밑그림을 구체적으로 약속한다는 것입니다. 이러한 **명확한 약속을 통해서 각자가 맡은 메시지 덩어리를 원래의 취지에 맞게 만들어낼 수 있습니다.** 그리고 개인의 결과물을 하나로 합쳤을 때도 누락과 중복이 없는 완성체에 가까운 기획서를 만들 수 있습니다.

기획서 작업은 '분업'하면 망합니다. '협업'해도 될까 말까입니다. 분업은 각자 맡은 것만 하는 What을 공유하는 것이고 협업은 전체의 방향과 맥락에 해당하는 Why를 우선 공유하는 것입니다.

장점 4. 경영진/상사와의 초반 커뮤니케이션의 도구로 사용할 수 있습니다.

예를 들어 "일주일 후까지 ○○ 기술 도입 가능성에 대해서 검토해서 보고해"라고 경영진이 지시했다고 가정해 보겠습니다. 정확하게 일주일 후 경영진 방으로 기획서를 들고 가 보고하면 될 것이라는 생각이라면 당신은 하수입니다. 베테랑 기획자들은 본격적으로 기획서를 쓰기 전에 먼저 간을 한번 봅니다. 기획서 설계도를 최대한 빨리 만들어서 지시를 받은 다음 날 경영진에게 먼저 보여줍니다.

> *"지시하신 ○○건에 대해서 이러한 내용과 흐름으로 작성하려고 합니다.*
> *기획서의 방향에 대해서 어떻게 생각하시는지요.*
> *흐름에 동의하시면 이 형태와 구조로 기획서 작업 시작하겠습니다."*

이렇게 하면 경영진도 자신의 의견을 정확하고 구체적으로 알려줍니다. 상대의 구체적인 피드백을 얻고 싶다면 본인 역시 구체적인 내용으로 보고해야 한다는 점을 알아야 합니다.

다이어리만 떨렁 들고 가서 "지시하신 ○○건의 기획서에 대해서 기대하시는 방향이 따로 있으신지요?"라고 물으면, 돌아오는 대답은 아마 **"글쎄, 일단 써와봐"**라는 공허한 메아리일 것입니다. 기획서 결재권자의 입장과 의견을 최대한 구체적으로 빨리 얻어내야 삽질 작업을 막을 수 있고 무의미한 시행착오를 덜할 수 있습니다. 또한 기획서 설계도를 바탕으로 작업 초반에 작성 방향에 대한 1차 확인 약속을 경영진에게 얻어내면 나중에 다른 소리를 할 수 없습니다. 기획서 작업하면서 '경영진의 의사결정 번복'이라는 폭탄을 몇 번 맞아보면 무슨 말인지 알게 될 것입니다.

장점 5. 한 장 축약 버전One Page Report을 편하게 만들 수 있습니다.

기획서 전체 메시지의 세부적인 내용을 정립해 놓으면 그중 핵심이 보입니다. **전체를 보다 보면 상대적으로 중요한 으뜸이 보입니다.** 경영진의 설득에서 가장 중요한 것을 발굴해 내고 최고 중요한 내용만 담아내는 것이 원 페이지One Page Report입니다. 백 장짜리 기획서 쓰는 것은 누구나 쉽게 잘 합니다. 이것저것 끌어 모아서 폭탄처럼 쏟아 부으면 되기 때문입니다. 베테랑 기획자라면 한 장 또는 길어야 두 장으로 기획서를 축약할 수 있어야 합니다. 기획서를 축약할 수 있도록 만들어 주는 기준점이 기획서의 메시지 설계도 입니다.

다음 그림처럼 기획서 전체 메시지 중 포인트만 뽑아내서 건강한 함축을 할 수 있는 선별 능력은 치밀한 설계가 우선 바탕이 되어야 작동합니다.

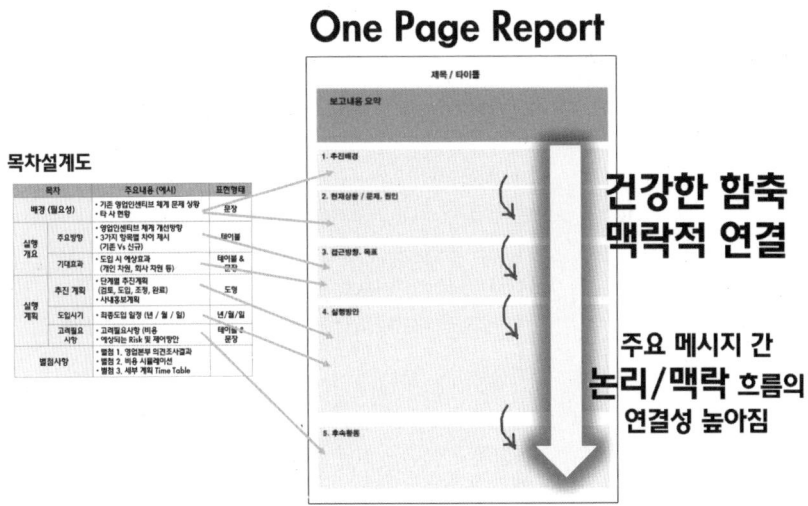

5

베테랑 기획자의
프레임워크 따라잡기

    컨설턴트는 온종일 기획서를 쓰는 사람들입니다. 지금까지 겪어본 글로벌 메이저 컨설팅 회사의 컨설턴트들은 동시에 몇 개의 프로젝트에 투입되어 각종 기획서를 쉬지 않고 작성합니다. 그렇기 때문에 이들 역시 기획서에서 자주 통용되는 목차와 흐름을 정해두고 이를 바탕으로 기획서의 골격을 잡습니다. 매번 새롭게 고민해서 기획서의 목차를 잡기보다는 **대표적인 유형의 기획서 목차와 흐름을 미리 규명**해두고 상황에 맞추어 '패턴 재활용'하는 방법을 씁니다. 그래야 시간을 절약할 수 있기 때문입니다.

    다음 제시된 표는 기획서의 기본 목차 공식입니다. 모든 기획서에 적용된다고 장담할 수는 없으나 웬만한 기획서의 흐름에 적용해도 큰 문제는 없을 것입니다.

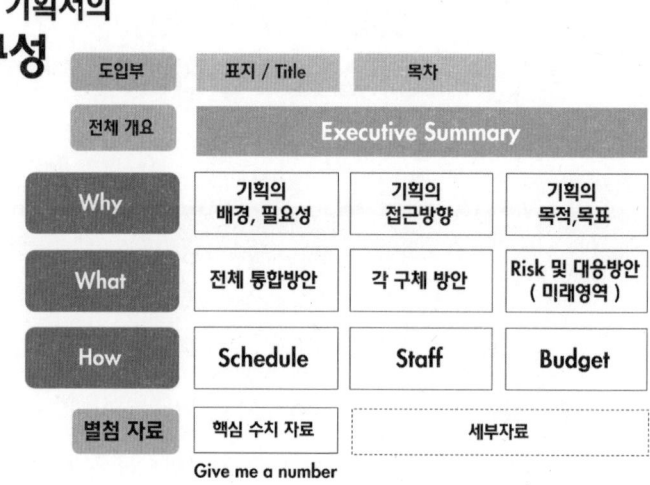

기획서의 표지와 목차, 요약은 일반적으로 기획서 초반에 나오는 기본 세트입니다. '**요약**Executive Summary'**은 경영진으로 하여금 한 장만 보면서도 기획서 내용을 이해할 수 있도록 축약된 메시지를 몰아 놓은 페이지**를 말합니다. 보통 열 장이 넘어가는 기획서인 경우에는 요약을 넣어주는 것이 예의입니다. 각 장, 각 단락의 핵심 메시지를 흐름에 맞춰 한 장에 옮겨 적는 방식으로 작성합니다.

기획서 주요 흐름표의 구성을 보면 Why-What-How의 큰 단락 하에 각 단락에 맞는 3개 메시지 덩어리가 존재합니다.

Why 단락
배경/필요성, 접근 방향, 목적과 의의를 제시합니다.

What 단락
전체적인 큰 방안, 디테일한 추진 방안, 리스크^{Risk} 대응 방안을 언급합니다. 기획서는 미래를 중심으로 전개해야 하는 문서이므로 '리스크 대응 방안' 등이 미래 영역에 해당합니다.

How 단락
진행 일정 계획, 역할 구분, 소요 예산 등을 언급합니다.

별첨 영역에서는 해당 기획 과제에서 가장 중요한 핵심 수치 자료에 대한 근거 데이터가 제시되어야 합니다. 이는 메시지 단계에서 소개했던 경영진의 기대 사항 중 "Give me a number(됐고! 정확한 숫자로 말해봐!)"에 응답하는 메시지이기도 합니다.

비즈니스의 기획에는 크게 3대 영역이 존재합니다.

① **신사업** New Business
② **신상품/서비스/기술** New Item, Product, Technology
③ **신제도/프로세스** New Process

해당 기획서의 특징 따라서 목차 내용이 약간씩 달라집니다. 지금부터 대표적인 기획서 3종 테마의 대표 예시와 주요 목차 흐름을 하나씩 살펴보겠습니다.

신사업 New Business

신사업 기획서의 3단 구성

도입부	표지 / Title	목차

| 전체 개요 | Executive Summary |||

Why	환경변화 및 필요성 기존사업 분석	후보사업 검토 및 신사업 선정	신사업의 방향, 지향점, 의의
What	신사업의 개요, 주요내용, 목표	신사업의 전개방법	실행 Risk/제어 향후 발전 구상
How	추진 Schedule	조직구성 및 추진 Staff	추진 예산 및 자원동원

별첨 자료	신사업 수지예측
	Give me a number

- AI를 기반으로 한 백색가전 사업의 가능성을 검토하라
- 소셜 커머스 기반의 리테일 부문 사업 전략을 수립하라
- 당사가 가지고 있는 의자의 특허가 만료되었다. 새로운 사업을 모색하라
- (제약회사가) 건강식, 화장품 사업을 새롭게 론칭하라
- (IT회사가) 핀테크 사업 본부를 분사하라

Why 단락

환경 변화, 기존 사업 분석, 신사업의 배경과 방향, 의의를 제시합니다.

What 단락

신사업의 개괄적 내용과 진행 방법, 그리고 미래 영역에서 리스크^{Risk} 제어 방법과 향후 확대 강화, 발전시킬 수 있는 방안을 제시합니다.

How 단락

구체적 추진 계획, 인력 확보, 운영 방법, 필요 예산과 자원 동원을 제시합니다.

또한 경영진의 결재를 얻어내기 위한 **핵심수치**$^{Give\ me\ a\ number}$로는 '신사업의 수지 예측 자료' 즉 비용 투자 대비 효용성, BEP(Break Even Point, 손익분기)를 제시합니다.

신상품/서비스/기술 New Item

신상품/서비스/기술 기획서의 3단 구성

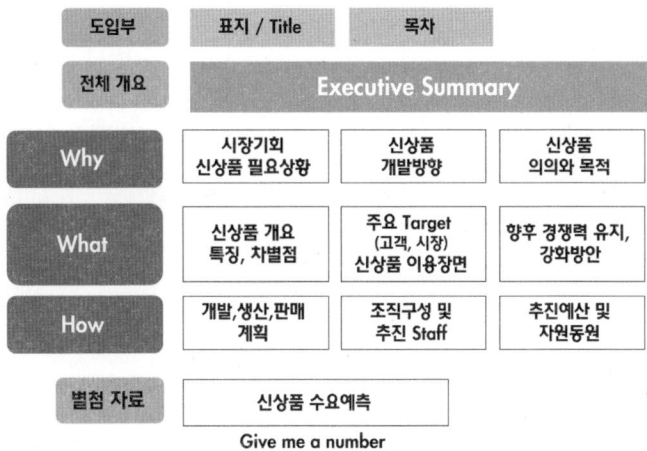

- 새롭게 연구하고 있는 ○○백신의 시장 가능성을 검토하라
- O2O 기반의 부동산 중개 플랫폼 서비스를 만들어라
- 대학 신입생을 타깃으로 한 편의점 상품 패키지를 구성하라
- 해외 ○○사의 원천기술의 제휴/도입 가능성을 검토하라

Why 단락

시장 기회, 신상품의 필요 상황, 개발 방향, 신상품이 당사 포트폴리오에 주는 의의를 제시합니다.

What 단락

신상품의 특징, 차별점, 주요 고객 및 그들의 활용 장면을 제시 후 미래 준비 메시지에서는 신상품의 경쟁력 유지, 강화 방안을 제시합니다. 후발주자가 따라하지 못하게 하는 방법 또는 더욱 새로운 신상품의 파생 계획 등이 이에 해당합니다.

How 단락

개발, 조달, 생산, 판매의 구체적 추진 계획, 역할과 책임 구분, 필요 예산을 제시합니다.

또한 경영진의 결재를 얻어내기 위한 **핵심 수치**Give me a number 로는 '**신상품의 수요 예측 자료**' 즉, 시장에 얼마만큼의 수요가 존재하는지 분석한 자료로써 명분의 힘을 제시합니다.

신제도/프로세스 New Process

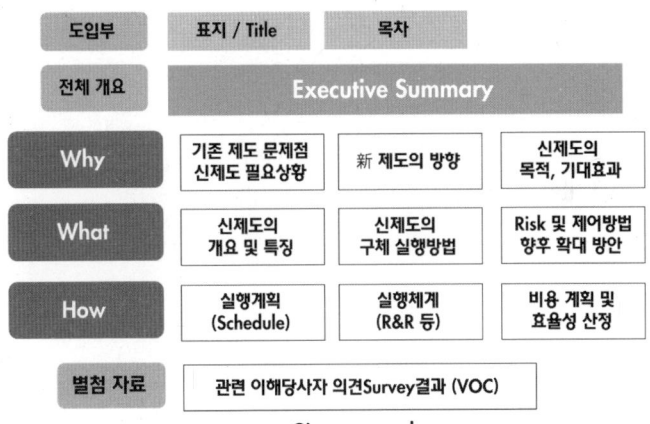

Give me a number

- 창의적 조직문화를 위해 인사 직급 제도를 개선하라
- 원재료 수급/조달 과정에 문제가 있다. 개선 방안을 마련하라
- 당사 렌터카 이용에 있어 고객 불만율이 높아지고 있다. 개선 방안을 마련하라
- ○○공정의 불량률과 사고가 증가하고 있다. 종합적인 검토 후 개선하라

Why 단락
기존의 문제점, 새로운 제도의 접근 방향과 의의를 제시합니다.

What 단락
신 제도의 특징, 구체적인 현장 실행 방법, 제도로 인해 발생할 수 있는 리스크^{Risk} 제어 방법과 제도의 확장 적용성을 언급합니다.

How 단락
신 제도 실행 계획, 실행하기 위한 역할 정립, 신 제도로 인해 얻을 수 있는 비용 절감$^{Cost\ Saving}$ 또는 직간접적인 수익을 제시합니다.

또한 경영진의 결재를 얻어내기 위한 **핵심 수치**$^{Give\ me\ a\ number}$로는 '**관련 이해 당사자의 의견 조사 결과**'를 제시합니다. 고집쟁이 경영진도 꼼짝 못하게 만들 수 있는 실무자의 무기 중 하나가 고객/현장의 소리$^{Voice\ of\ Customer}$입니다.

6

기획서에서 활용할 수 있는 메시지 3단 전개

우리는 알게 모르게 3가지 덩어리^{Cluster}로 이루어진 메시지에 둘러싸여 살아가고 있습니다. 일반적으로 우리가 가장 흔히 접하고, 실제로 많이 쓰는 세 덩어리 메시지의 대표 선수는 '서론-본론-결론'입니다. 논문 작성 시 가장 기본적으로 적용되는 과학적 사고의 방법론 또한 '가설-조사-검증'의 3단계로 구성되어 있습니다. 모든 커뮤니케이션은 세 덩어리의 조화와 배열로 승부가 난다고 해도 과언이 아닙니다.

기획서도 마찬가지입니다. **강한 기획서에는 '흐름'이 있고 이 흐름은 보통 3단계로 형성됩니다.** 이 책에서 집중적으로 언급한 세 덩어리 맥락은 'Why-What-How'이지만, 기획서 특징에 따라 응용 가능한 3단계 맥락을 몇 가지 더 소개합니다. 상황에 맞춰 응용해보기를 권장합니다.

1.
기본이어서 더 강력한 '서론-본론-결론'

'서론-본론-결론'은 주장을 펼칠 때 필요한 구조인데, 기본적이고 흔하다는 이유로 외면당하지만 이 기본만 잘 익혀두면 상당한 수준의 기획서를 구성할 수 있습니다. '서론-본론-결론'을 논리 전개의 기본축으로 설정한 후, 각각에 단계에 맞는 핵심 메시지로 부연 설명을 덧붙이고, 상황에 맞도록 전략적으로 응용하면 기본적이지만 강력한 기획서의 논리가 탄생합니다.

제일 중요한 점은 **결론의 메시지는 강력하고 손에 잡히도록 생생해야 한다**는 것입니다. 만약 경영진이 과제에 관한 지식 수준이 높다면 변죽을 두드리지 않고 과감히 결론부터 시작하여 현실적이고 최종적인 내용을 먼저 다루는 것도 좋습니다.

상황에 따라 결론의 위치가 바뀌는 예시는 다음과 같습니다. 첫 번째 예시는 '서론-본론-결론'의 흐름이고, 두 번째 예시는 첫 번째 예시의 예문을 '결론-본론-서론'의 흐름으로 바꾸었을 경우입니다.

'서론-본론-결론'의 기본적 기획 흐름

Cluster 1	**서론: 과거와 현재의 성찰** • 회사는 창사 이래 매출 목표를 매년 훌륭하게 달성해 왔음 • 지속적으로 연평균 15% 이상의 고도 성장을 하고 있으며, 그 결과 10년 동안 매출 규모가 2배 이상 성장하는 쾌거를 이룸 • 단 경쟁 구도와 시장 성장률을 조사했을 때, 5년 내 국내 시장의 한계가 보임
Cluster 2	**본론: 내년도의 당면 과제** • 내년 목표는 국내 시장점유율 50%와 해외 시장점유율 5%임 • 국내 목표도 물론 중요하지만, 회사의 영속적 성장을 위해서는 해외 시장점유율이 더욱 의미 있음 • 특히 가장 급부상하고 있는 할랄푸드 시장을 집중적으로 파고들어야 함
Cluster 3	**결론: 상품의 현지화 전략 제안** • 해외 시장점유율을 높일 수 있는 방법은 상품의 현지화 전략에 달렸음 • 현재의 상품이 가진 문제는 한국 사람의 입맛에 맞춰져 있다는 단점이 있음 • 따라서 브랜드와 맛을 이슬람 정서에 맞도록 수정하기 위해 ○○○을 시도하고자 함

'결론-본론-서론'의 전략적인 응용을 더한 기획

Cluster 1	**결론: 이슬람 진출 상품 현지화 전략 제안** • 우리 회사의 당면 과제인 이슬람 시장 공략을 위한 '상품 현지화 전략'을 제안함 • 현재 우리 회사 제품의 장점과 단점을 고려했을 경우 가장 시급한 사항임 • 할랄푸드 시장 진출 가능성 탐색 결과는…
Cluster 2	**본론: 내년도 당면 과제 해결을 위한 우선 과제** • 내년도 당면 과제는 국내 시장점유율 50%, 해외 시장점유율 5%임 • 가장 중요한 것이 이슬람 문화권 내 시장점유율 확대이며 • 이를 위해, 상품 현지화 전략의 수행이 가장 시급함 • 세부적인 전략은…
Cluster 3	**서론: 기여와 의의** • 이를 통해 창사이래 고도성장 기조를 유지할 수 있을 것으로 확신함

2.
전략적인 접근의 시초 '핵심 문제-방향/전략 설정-실행'

연간 사업 기획이나 제품 기획, 광고 기획에 대해 보고를 할 때 경영진이 가장 선호하는 것은 '핵심 문제-목표-전략'의 흐름입니다. 이는 Why-What-How와 일맥상통합니다. 기획 과제 최초 지시자인 **경영진이 원하는 건 바로 '그래서 문제가 무엇이고, 어떻게 하겠다는 얘기냐?'입니다.** 따라서 그 흐름에 맞춰서 메시지를 전개하고 다듬어 나가는 것이 현명하면서도 가장 일반적인 기획서 전개이기도 합니다.

'핵심 문제-방향/전략 설정-실행'의 흐름을 활용한 상품 기획

Cluster 1	**핵심 문제: 경쟁 제품의 출현** • 우리 제품과 동일한 기능을 가진 경쟁 제품이 최근 출시됨 • 우리의 주요 고객들 중 10%가 이탈의 조짐을 보이고 있음 • 경쟁 제품의 주요 전략을 살펴보면…
Cluster 2	**방향/전략 설정: 경쟁 제품과의 차별화를 시도한 신제품 기획** • 장기적으로 우리의 상품을 새롭게 업그레이드해서 시장 점유율 15%를 유지해야 함 • 경쟁 제품의 장점과 단점을 우리 제품과 비교했을 경우… • 차별화된 제품으로 자리매김하기 위해 필요한 기능은…
Cluster 3	**실행: 차별화된 제품으로 업그레이드하기 위한 전략** • 우리 제품의 업그레이드 출시를 위해서는 3가지 차원의 접근이 필요함 • 기능적인 측면 / 가격 전략 측면 / 생산 및 유통 전략 측면

3.
점점 구체적으로 파고들어가는
'취지-개요-세부안'

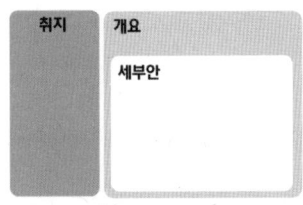

좋은 기획서는 기획의 취지와 기본적인 개요, 자세한 세부안으로 흘러갑니다.

- **취지**: 이 문서에서 담고 있는 업무/과제가 어떤 배경 하에 어떤 목적으로 만들어졌는지에 대한 명확한 규명
- **개요**: 세부 안에 대해 자세히 언급하기 전에 전체적인 기획 내용을 간단 명료하게 요약 정리해서 하는 것
- **세부안**: 개요에서 간단히 언급된 전체적인 방향에 대해 개별적으로 상세한 설명을 하는 것

중요한 것은 **취지 단락에서 경영진의 문제 제기나 의구심이 발생**

하면 뒤에 이어지는 개요와 세부안은 무용지물이므로, 취지의 단락에는 짧지만 강한 메시지를 심어야 합니다. 즉 '강력한 명분'이 담겨야 합니다. 또한 **개요는 그야말로 개괄적인 요약**의 줄임말로 의미를 다하기만 하면 됩니다. 세부적인 내용은 결국 세부 안에서 담기기 때문에 너무 길게 늘어뜨려서 쓰지 말아야 합니다.

'취지-개요-세부안' 개념을 사용한 해외 마케팅 기획

Cluster 1	**취지: 효율성을 추구하는 해외 마케팅** • 지난 5년간 당사의 마케팅 활동은 한국 본사에서만 기획/주관하였음 • 선진기업의 벤치마킹 결과, 현지화 전략이 가장 중요한 성공 포인트임 • 이에 효율성을 한층 높일 수 있는 국가별 지역 마케팅을 실시하고자 함
Cluster 2	**개요: 단계별 운영** • 향후 2년간 시범 국가/지역을 우선 선정하여 아래와 같은 시범 운영을 시행함 • 중국을 비롯한 아시아권 5개 국가를 대상으로 시범 운영을 하되 점차 미주, 유럽권으로 확대할 예정임 • 필요한 예산 및 전문 인원은 각 지역당 ~을 지원함 • 이로 인해 얻는 결과는 ~ 정도의 기대 효과를 예상함
Cluster 3	**세부안: 실행 계획 및 통제 방법** • 세부적인 실행을 위해서는 영업본부 내 마케팅 위원회를 설립하고, 실행을 위한 준비를 올해 12월까지 완료함 • 필요한 예산 50억 원은 추가 예산을 편성하여 동원할 것임 • 국가별 마케팅 활동보고서를 분기별로 작성하여 보고함 • 세부적인 추진 계획은 다음 달… 내년… 5년 후에는…

4.
원하는 것을 얻어내는 실전 설득 스킬 '정-반-합'

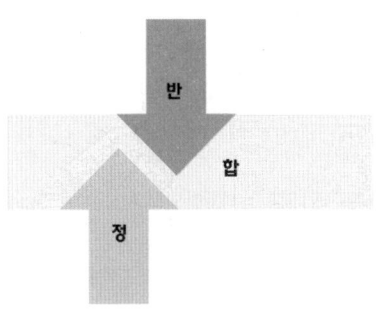

'정正-반反-합合'이란 독일의 철학자 헤겔이 고안해낸 철학, 설득의 방법론입니다. 문제가 없는 상태인 '정', 그리고 무언가 부정적인 면이나 문제가 발생하는 상태인 '반', '정'과 '반'이 갈등을 겪지만 결국 화해와 긴장 완화를 통해 '합'에 이르게 된다는 설명입니다.

베테랑 기획자들은 이러한 철학적인 사고의 도구를 효과적으로 활용합니다. 특히 무언가 쟁점이 두드러져 있는 상황이나 의견 차이로 인해 갈등을 겪는 상황을 정리하고 돌파하는 데 있어서는 매우 유용하기 때문에 상황(분석)보고에 자주 사용됩니다. 또한 긍정과 부정을 둘 다 언급하고 중립적인 내용을 다루는 특성이 있기 때문에 **경영진을 이성적으로 설득**하는 강력한 방법일 수 있습니다. 정-반-합의 메시지는 기획서 전체 흐름 중 방향을 정하거나 대안을 구사해야 하는 단락에서 잠시 등장하는 경우도 있습니다.

'정-반-합'의 개념을 사용한 제품/서비스 개선

Cluster 1	**정: 우리 제품에 대한 '소비자의 만족과 칭찬'** • 우리 회사는 동종업계 중에서 내에서 소비자 선호도에서 1위를 차지했음 • 소비자들이 가장 만족스럽게 생각하는 부분은 A, B, C 순이며 각각의 내용은…
Cluster 2	**반: 우리 제품에 대한 '소비자의 불만족과 클레임'** • 하지만 소비자가 표출하는 불만족의 요소를 간과할 수 없음 • 최근의 조사 결과에 따르면, 고객 클레임의 빈도를 차지하는 상위 항목들은 A, B, C임 • 그 요인들은 분석한 결과…
Cluster 3	**합: 장점 극대화, 약점 최소화 방안의 제시** • 결론적으로 소비자가 호평하는 요소 즉 장점을 극대화하고 • 무엇보다 시급한 것은 새롭게 밝혀진 고객의 불만 요인에 대한 근원적 해결을 하는 것임 • 그 시행 방안으로는…

5.
시간의 흐름을 살리는 '단기-중기-장기'

비즈니스는 미래 예측의 정확성에 의해 성패가 좌우됩니다. 고객의 요구 사항, 경제 환경 및 사회 환경의 변화 등 비즈니스의 업무 환경은 항상 변합니다. 이에 부응하기 위해서는 미래에 대한 예측을 근간으로 업무를 추진하고 이를 기획서에 담아내야 합니다. 따라서 베테랑 기획자들은 미래에 대한 언급을 할 때 단순히 '앞으로', '조만간'과 같은 막연한 용어를 사용하지 않으려 애씁니다. 자칫 잘못하면 경영진이 기획서를 봤을 때 의미 해석에 있어 오차가 심하게 벌어질 수 있기 때문입니다.

따라서 미래에 대해 언급할 때 자주 사용하는 개념이 '단기-중기-장기'입니다. 사업 계획 같은 경우에는 1년을 단기로, 3~5년을 중기로, 10년을 장기로 보는 경우가 많습니다. 하지만 환경 변화가 심한 최근에는 3개월이 단기, 6개월이 중기, 장기를 1년이라고 볼 수도 있습니다.

보통 '단기-중기-장기'만의 메시지는 독자적으로 활용하기보다는 기획서 실행 전략을 정립하는 단락에서 많이 등장합니다.

'단기-중기-장기'의 시점 구분을 활용한 회사 제도 기획

Cluster 1	**단기: 3개월간의 제도 홍보 기간** • 새로운 복리후생 제도를 공표함에 있어 3개월은 내부 구성원 대상으로 홍보를 집중함 • 내부 홍보를 위한 방법은…
Cluster 2	**중기: 6개월 내 제도의 안정적 정착** • 제도에 대한 공감대 형성 이후 제도의 본격적인 운영에 전력함 • 제도 시행에 따른 절차를 적용하고, 시행착오를 줄이기 위해서는…
Cluster 3	**장기: 1년 내 제도의 확장을 시도** • 제도의 시행 이후 다른 제도와 연계를 시도함 • 본 제도를 단순하게 통제하는 규정 이상의 조직문화나 근무 풍토로 자리매김하기 위해서는…

6.
더 나은 결정을 위한 과학적 접근
'가설-조사-검증'

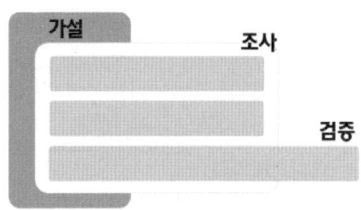

경영진은 실무진의 감이나 촉에 의지하지 않습니다. 확실한 근거가 없다면 실무자의 주장에 믿음을 갖지 못하고, 자신의 가려움을 속 시원하게 긁어주지 못한다면 그 기획서는 K.O패입니다.

'~일 것이다'라고 가설을 내세웠다면 '조사'와 '검증'을 통해 진실성과 확실성을 보태야 합니다. '가설-조사-검증'의 구조는 보통 논문에서 많이 활용되는 구조입니다만 비즈니스 상황의 기획서에서도 논리적 전개에 딱 맞는 활용이 가능합니다.

'가설'이 '문제/현실의 지정'이 되고
'조사'는 '현장의 조사와 데이터 확보/분석'이 되며,

'검증'은 '확인 결과와 교훈, 향후 계획'으로 연결됩니다.

'가설-조사-검증'을 활용한 타겟 고객 수정

Cluster 1	**가설: 초기에 목적으로 한 ○○전략이 제대로 작동되지 않음** • 3년 전 출시한 우리 제품은 20~30대의 직장인 남자를 겨냥한 제품이었음 • 하지만 타겟고객에게 적절하게 어필하고 있는지에 대한 의문이 제기됨 • 진정 구매 장면에 있는 고객은 우리의 타겟이 아닐 수 있음
Cluster 2	**조사: 구매 고객 분포도 조사** • 구매 고객 조사를 ○○한 방법으로 실시한 결과 • 지역별/연령대별/성별/직업별로 ○○의 결과가 도출되었음
Cluster 3	**검증: 조사 결과를 통한 결론** • 조사 결과 가설에서 의심했던 바와 같이 타겟고객이 아닌 30대 초반의 가정주부가 구매하는 경우가 가장 높았음 • 구매 결정의 주요 원인은 ○○이며, 이는 오히려 매출 확대에 더 큰 기회의 변수로 작용함 • 초기에 설정했던 전략을 수정하고, 상품의 이미지를 변환하는 것이 필요함

7

논리 단계에서 생성형 AI 활용하기

기획서의 논리 단계에서 생성형 AI를 활용할 때 가장 중요한 것은 **"본인이 원하는 바가 뚜렷한가?"**입니다. 이는 관련한 전문가들이 하나같이 강조하는 내용입니다. "Garbage In Garbage Out"이라는 말처럼 요구하는 바가 정확하지 않으면 생성형 AI는 자기 마음대로 답변합니다.

기획서의 논리를 형성할 때에 쓸모 있고 효율적인 방식을 소개하겠습니다. 이는 제가 많은 기간 동안 실험적으로 생성형 AI를 활용하면서 터득한 방식이니 정답이 아닌 해답에 가깝습니다. 참고만 하시고 본인에게 더 효율적인 방식을 찾아가기를 바랍니다.

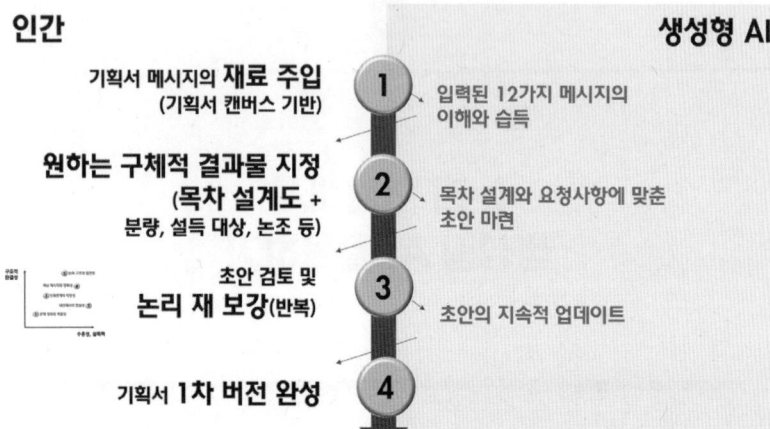

생성형 AI를 활용하여 논리를 갖추고 이를 점검하는 과정은 크게 4가지 단계를 거치는 것이 좋습니다.

1단계: 생성형 AI에게 기획서에 들어갈 12개 메시지를 이해하도록 요청합니다. (기획서 캔버스 작업의 최종 결과)

"이제부터 ○○에 대해서 경영진 보고용 기획서를 작성하려고 해. 기획서에 들어갈 12가지 메시지를 먼저 이해해줘. 아직은 기획서를 작성하지 않는 것이고, 본격적으로 작성하기 전에 기획서에 들어갈 재료를 습득하는 거야.

(기획서 캔버스에서 도출한 12개 메시지 복사 후 입력)"

그러면 생성형 AI는 기획서 캔버스를 기반으로 도출한 12개 메시지의 내용을 확인하고 연결성을 우선 검토하게 됩니다.

2단계: 생성형 AI에게 기획서로 만들어야 하는 구체적인 구조와 형태, 접근 방식을 구체적으로 지정해줍니다.

"(목차 설계도의 이미지 입력 후) 내가 원하는 기획서의 주요 목차의 흐름이야. 이 구조에 맞춰서 방금 제시한 12가지 메시지를 바탕으로 기획서의 초안을 만들되 아래 제시한 기준을 생각하면서 만들어줘."

- 문체: 경영진 보고용 문어체, 단문 위주, 종결어미는 임음함체를 유지
- 분량: A4 2~3페이지 분량, 필요하면 별첨을 지정하여 분량 유지
- 구성: 첨부된 목차 설계의 흐름을 최대한 유지
- 형식: 구체적인 수치는 최대한 유지
  각 항목을 번호 또는 소제목으로 구분
  단락별 제목과 부제목을 활용해 명확한 정보 계층 구조 설정
  문맥상 중요한 핵심 단어는 굵은 글씨로 표현

정리할 수 있는 단락은 표(테이블)를 사용
독립된 문장은 불릿 포인트를 적절히 활용하여 가독성 확보
단락 간 충분한 여백을 두어 균형을 맞출 것
표, 도식이 필요한 부분은 (○○ 형태의 도형 권장)이라고 명시

생성형 AI는 제시한 목차 설계를 최대한 반영하여 기획서 초안을 만들어 냅니다. 만약 결과물의 형태나 구성에 문제가 있다면 이를 보강하도록 재요청합니다.

여기에서 중요한 점은 '**초안을 만든다**'는 점입니다. **논리는 초안에서부터 존재하기 때문**입니다. 여기저기 흩어지고 산재된 메시지에서는 논리를 지정하기 어렵습니다. 초안을 우선 만들어야 논리를 점검할 수 있습니다. 기획서의 디자인적인 측면, 세련된 표현은 차후의 문제입니다. 문서의 형태를 갖출 때부터 비로소 논리가 보이기 때문에 초안 작업을 하면서 논리를 점검하는 것이 제일 효율적일 수 있습니다.

3단계: 초안을 기반으로 논리를 지속적으로 점검하고 다듬어 나갑니다.

논리 점검, 보강의 영역

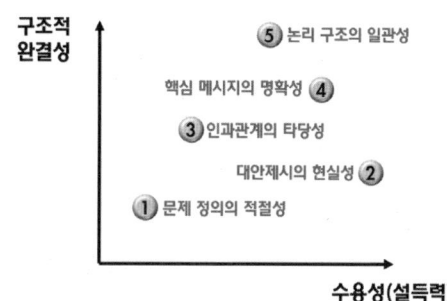

작성된 초안을 기반으로 논리를 점검하는 접근은 크게 '구조적 완결성'과 '수용성(설득력)'을 중심으로 확인하는 것입니다. **'구조적 완결성'은 일명 '틀'이 제대로 잡혔는가를 보는 것입니다.** 기획서 전체의 메시지가 한 흐름으로 연결되고 마주보고 있어야 구조의 완결성이 높은 것입니다. **'수용성(설득력)'은 기획서에서 말하고 있는 것을 충분히 믿을 수 있는가에 해당합니다.** 구조적 완결성과 수용성(설득력)이 높은 논리를 확인하고 보강하기 위해 필요한 프롬프트 예시를 들어 보겠습니다.

①	문제 정의의 적절성	문제가 뚜렷하게 정의되었는가? • 이 기획서에서 문제가 명확하게 정의되었고 이후에 다루는 모든 내용과 연결되고 있는지 확인해줘
②	대안 제시의 현실성	해결 방안이 현실적이고 우선순위가 명확한가? • 제시한 해결 방안이 타당하고 실행 가능성이 높은지 평가해줘 보완할 대안이 있다면 추가해줘
③	인과 관계의 타당성	'문제 → 원인'의 구조가 논리적인가? • 문제와 원인 사이에 인과관계가 논리적으로 성립하는지 확인해줘
④	핵심 메시지의 명확성	결국 하나의 주장이며 이는 보편적인가? • 이 기획서의 핵심 메시지를 한 문장으로 정리해줘 • 이 핵심 메시지가 경영진/이해당사자 입장에서 충분히 설득력 있는지 확인하고 피드백해줘
⑤	논리 구조의 일관성	'상황-문제-원인' → '전략-과제-실행'의 구조로 매끄럽게 연결되는가? • 기획서 앞쪽에 제시된 문제 상황, 경영진의 기대 사항이 기획서 후반 목차에 제시된 접근 방향, 실행 계획을 통해 해결되는지 확인하고 필요하면 내용을 조정해서 다시 만들어줘

4단계: 기획서의 1차 버전을 완성합니다.

아직 디자인이나 표현 형태가 투박하지만 전체 표현된 메시지들이 유기적으로 연결되며 논리적 비약이 없고 객관적인 내용이 들어있는 기획서 1차 버전을 손에 쥐게 됩니다. 이제 기획서의 80% 정도가 완성되었습니다.

3부

표현

기획서를 작성하는 3번째 단계

**많은 초보 실무자들이 '표현'을
기획서의 본 게임이라고 착각합니다.**

오해하면 안 됩니다. '표현'은 이제 테크닉에
가까워지는 단계입니다. 기획서의 진짜 본질과
부가가치는 '메시지'와 '논리'에서 결판이 납니다.
하지만 '표현'도 무시할 수 없는 단계인 것은 맞습니다.
경영진은 눈에 안 보이면 안 보기 때문입니다.

그리고 그들은 이해되지 않는 문서를 외면할 권리가
있습니다. 아무리 내용이 좋아도 보기에 불편하면
경영진에게 외면당합니다. 기획서는 잘 보여야만 팔립니다.
이는 명백한 사실이자 거스를 수 없는 현장의 상황입니다.

1

기획서는
'읽는 것'이 아니고 '보는 것'

기획서를 표현할 때 제일 중요한 철칙이 있습니다.

"읽는 게 아니고 보게 만들어야 한다."

기획서에는 군더더기 없이 중요한 것만 담겨 있어야 합니다. 특히 핵심을 부각시키는 강조점이 한눈에 보여야 합니다.

(가로 장표형 스타일의 기획서인 경우) 기획서 한 페이지당 **3초의 게임**이 진행됩니다. CEO가 기획서를 받았을 때 한 페이지에 직관이

작동하는 시간은 보통 3초입니다. 3초 안에 CEO의 기대치를 충족한다면, 체류 시간이 5~10초 정도로 늘어나고 이는 이해도와 결재율을 높입니다.

꼼꼼히 읽기에는 시간이 너무 아깝습니다. **건너뛰지는 않는 수준에서 내용을 숙지하면서 읽어내도록 유도해야 합니다.** 이렇게 내용을 훑어 보는 행동을 영어로는 '스키밍Skimming'이라고 합니다. 요지要旨, Essentials를 파악하기 위해 빠르게 대충 읽어보는 과정을 말합니다.

강조 메시지가 있으면 그걸 우선 읽어보면서 상황적 이해를 하고, 문장 형태로 되어 있으면 한두 개의 강조된 단어를 중심으로 맥락을 읽어내는 것이 스키밍입니다. 지금까지 제가 겪어본 경영진의 대부분은 기획서를 보는 방법은 스키밍이었습니다. 그들은 스키밍을 통해 우선 '맥락'을 파악하는 데 더 집중합니다.

기획서를 받아보는 경영진은 3가지 권리를 가지고 있고, 좋은 기획서로 승부해야 하는 실무자는 최대한 이 권리를 모두 보장해야 합니다.

첫째, 물어보지 않을 권리

둘째, 한 번만 읽을 권리

셋째, 중요한 것만 볼 권리

그래서 실무자는 **기획서를 작성할 때 아래의 질문을 끊임없이 던져야 합니다.**

"이것들을 도표 형태로 바꿀 수는 없을까?"

"이것들을 나열하지 않고, 비슷한 유형이나 관계로 묶어줄 수 있을까?"

"이 중에서 경영진의 관심을 끌만 한 대표적인 단어는 무엇일까?"

실제 컨설턴트들은 프로젝트 후반 작업 중 기획서 초안을 검토할 때 이러한 대화를 주고받습니다.

"저 부분은 '글자 Massage' 더 해봐.

너무 빡빡하고 이해가 어려워."

"이 부분은 '숫자 Massage' 추가로 진행해.

Data 속에 메시지가 숨어 있잖아."

그렇습니다. Massage(마사지)!

글자나 숫자들이 있는 그대로 원초적인 모습으로 기획서에 뿌려지게 되면, 너무 거칠고 딱딱해서 메시지를 소화하기 힘들어집니다. 원시 정보Raw Data는 기획서에 올라가기 전에 가공하는 작업이 반드시 수반되어야 합니다. 이게 바로 '글자, 숫자의 마사지 Massage'입니다.

글자 Massage의 결과가 '도형과 표, 편집'이고
숫자 Massage의 결과가 '그래프'입니다.

글자 마사지 결과

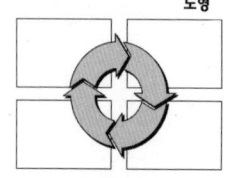
도형

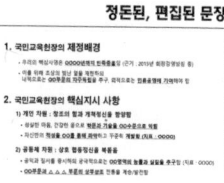
표/테이블/박스

정돈된, 편집된 문장

숫자 마사지 결과

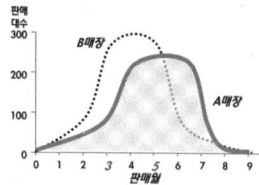

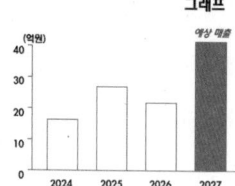
그래프

그래서 기획서에는 크게 네 종류의 살이 붙습니다.

문장, 도형, 그래프, 표

정돈되고 편집된 문장 Sentence

문장은 기획서에서 50% 이상의 비중을 차지합니다. 하지만 문장을 올바로 그리고 전략적으로 쓸 줄 아는 실무자들이 흔치 않습니다. 많은 분들이 문장의 작성 원리와 편집의 원칙을 잘 모릅니다. 이후 좋은 문장의 표현 원칙과 편집 방식을 소개해 보고자 합니다.

절제된 도형 Diagram

도형은 글자, 텍스트의 마사지 버전입니다. 화살표, 원, 삼각형, 사각형 등 각종 모양의 도형을 중심으로 한 비주얼 표현 방식입니다. 도형을 통해 텍스트 덩어리 속에 숨어 있는 '상호관계, 역학'을 한눈에 보여줄 수 있으며 기획서의 가독성을 높일 수 있습니다. 하지만 도형은 너무 남발하지 말아야 합니다. 도형은 메시지 전달에 있어 꼭 필요할 때 그리고 아주 적절하게 써야 합니다.

정렬된 표/테이블/박스 Table

글자 마사지의 결과이자 숫자 마사지의 결과가 '표/테이블Table'입니다. 여러 이름이 있지만 이 책에서는 '표'라고 칭할 예정입니다. 표는 단순한 문장의 나열 또는 문맥의 덩어리가 아닌 문장 속 단어에 숨어 있는 메시지들을 보여줍니다, 그리고 숫자들의 단순 나열이 아닌 구획별로 어떤 관계가 있고 어떤 튀는 수치가 있는지를 보여주는 표현입니다. 즉 글자와 숫자들을 위계와 관계를 중심으로 구분하여 정리하고 표현하는 방식을 말합니다.

그래프 Graph

각 숫자들이 가지고 있는 계열성, 연관성, 상대성, 순위 등을 묶어서 표현 해놓은 것으로서 10,000개의 숫자들을 한 개의 이미지로 표현할 수 있을 정도로 강한 함축성을 가지고 있습니다. 보통은 그래프를 단독으로 활용하기보다는 그래프 옆에 문장을 같이 구사하면서 부연 설명을 해야 온전한 의미 전달이 가능합니다.

2

베테랑 기획자의
메시지 표현 3원칙

- 한 눈에 **보여야** 하고 (직독)
- 강조점이 **보여야** 하고 (소구)
- 필요한 것만 **보여야** 하고 (간결)

기획서 표현의 3원칙

　기획서를 작성할 때 지켜야 하는 3원칙은 직독성, 소구성, 간결성입니다.

1.
직독성直讀性

'바로 직直' 자와 '읽을 독讀' 자가 합쳐진 말로 쉽게 말하면 한눈에 읽게 만들어야 한다는 것입니다. 어법에는 맞지 않더라도 우리가 흔히 쓰는 영어 문구로 소개하면 'One Shot, One kill'입니다. 누구나 문서를 두 번 읽고 싶어 하지 않습니다. 기획서를 작성한 본인조차도 말이죠.

직독성이 높은 표현이 무엇을 말하는지 실제 사례를 보겠습니다.

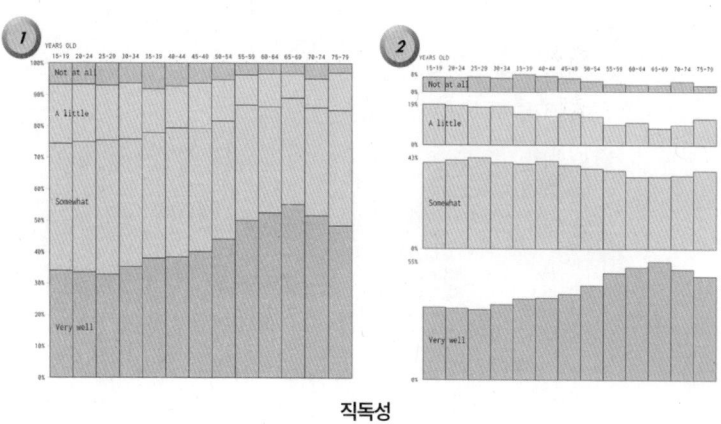

직독성

위 1·2번 그래프는 동일한 내용을 담고 있습니다. 1번 사례는 누적형 막대그래프를 사용하여 약간 독특해 보이고 전문가처럼 보이는 특징이 있습니다. 하지만 1번보다는 2번 그래프가 훨씬 더 내용을 한눈에 전달하기 용이합니다.

각 요소별로 추이가 어떻게 나타나는지를 전달하기에는 누적이 아닌 각각의 요소를 동시에 보여주는 것이 더 효과적인 것입니다. 특히 그래프를 복잡하거나 특이하게 작성하는 것은 좋지 않습니다. 보기에는 그럴 듯해도 메시지 전달력이 떨어지기 때문입니다. 동일한 사실을 담고 있더라도 **상대가 더 빨리 주요 내용과 상황을 알아보도록 다듬어 만드는 비주얼 표현이 바로 직독성**입니다.

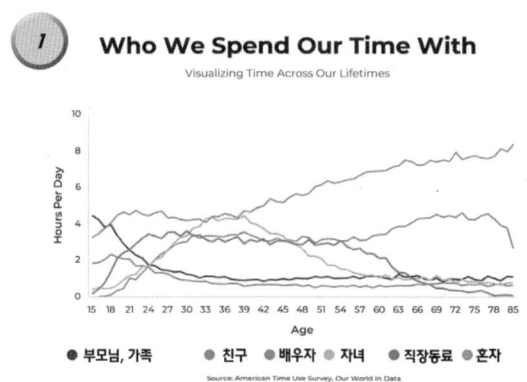

다른 사례를 하나 더 보겠습니다. 일반적으로 그래프나 자료를 표현할 때 범례를 붙여주는 경우가 있습니다. 1번 사례는 각 요소에 대한 설명을 별도로 빼서 보여주는 범례입니다. 하나하나 다 맞춰보면서 확인해야 이해가 되는 그래프이므로 직독성이 떨어집니다.

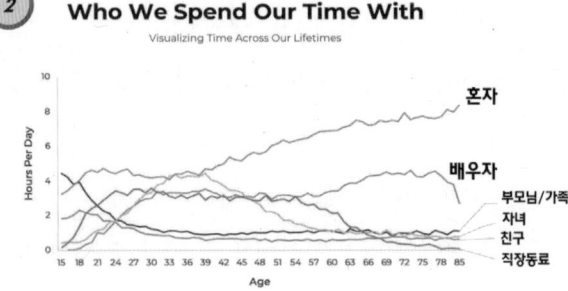

하지만 동일한 내용이더라도 2번 그래프는 범례를 각 요소별로 붙여서 보여주고 있습니다. 한눈에 여섯 가지 요소들의 상황이 어떤지를 가늠할 수 있습니다. 이처럼 동일한 내용도 위치의 조정과 표현 방식에 따라 전달의 속도가 현저히 차이가 납니다.

직독성은 나를 위해서 메시지를 표현하는 것이 아니고 "최종의사결정자, 즉 독자가 바로 알아볼 수 있을까?"를 생각하는 것에서부터 출발합니다. 그러므로 직독성은 스킬이 아니고 태도에 가깝다고 볼 수 있습니다.

기획서의 직독성을 높이기 위해서는 기본적으로 아래의 몇 가지가 지켜져야 합니다.

① 원초적인 수치나 텍스트$^{Raw\ Data}$ 나열하지 말기
② 관계와 위계 중심으로 보여주기(글자 마사지, 숫자 마사지, 맥락적 편집, 테이블 표현 등)
③ 시선과 인지의 흐름 중심으로 표현하기(L2R : Left to Right, 좌에서 우로 흐르는 인과관계, 인식의 베이스라인 등)
④ 중요 부분은 강조점을 부여해서 도드라지게 표현하기(소구 포인트 부여하기)
⑤ 무의미한 부연 설명 삭제하기

2.
소구성訴求性

    소구성이 보장되어야 직독성이 살아 올라옵니다. 소구성은 영어로 하면 'Appeal Point' 또는 'Emergency Feature'라고도 부르며 중요한 메시지를 조금이나마 더 부각시켜 강조하는 비주얼 표현 방식을 말합니다. 기획서에 담은 메시지 내용은 모두 중요할 수 없습니다. 경영진에게 다 읽으라고 떼를 쓸 수도 없습니다. 따라서 대놓고 강조 표시하는 것이 전략입니다.

"다른 메시지보다 이게 훨씬 더 중요합니다! 이 부분은 꼭 봐주십시오!"
"결국 이것을 얘기하고자 하는 겁니다! 이 부분은 꼭 봐주십시오!"
"이 페이지는 이 내용 때문에 존재하는 겁니다! 이 부분은 꼭 봐주십시오!"

소구점을 부여할 때는 일반적으로 '다른 것에 비해 튀는' 도형, 점, 선이나 차별화된 색상 등을 사용해서 시선을 끌어당기도록 표기합니다. 이를 통해 기획서 읽는 시간이 대폭 줄어들 뿐만 아니라 전달력이 상승할 수 있습니다. 그래서 궁극적으로 직독성을 높여주는 것입니다.

소구점을 부여할 때에는 5가지 방식을 사용합니다.

① 문장인 경우 언더바(_) + 볼드(글자를 두툼하게) 표기 또는 글자 크기 크게 + 더 강렬한 서체 부여
② 그래프나 도형, 표인 경우 튀는 선 표시
③ 배경 면적 표시
④ 튀는 색상 또는 명암 표시
⑤ 핵심 메시지의 대담한 노출(예: 급격한 매출 하락(전년동기 대비 25%↓) 또는 그래프에 '예상 매출 상승 5%' 추가 표기)

소구성을 높인 사례를 몇 가지 들어보겠습니다.

중요 단어 부각 (Highlighting)

1. 메타버스의 의미/개념
- 의미 : 현실이 투영된 가상세계 (실제 현실같이 사회,문화,경제 활동이 가능함)
  - '메타'(Meta/ 가상,초월)와 '유니버스'(Universe, 우주)의 합성어임
  - 게임과 유사한 가상현실(VR)보다 더 진화한 개념임 (가상현실 + 사회,문화,경제활동)

2. 메타버스의 등장배경
1) 기원 : SF소설과 3차원 게임의 융합
   - '92년 SF소설 '스노 크래시'에서 처음 등장한 용어 (아바타를 통해서만 들어갈 수 있는 가상세계)
   - '03년, 3차원 가상현실 게임 '세컨드 라이프(Second Life)'가 유명해지며 널리 알려짐

2) 최근 부각된 배경 : 5G 기술상용화와 비대면 상황으로 가속화
   - 5G 상용화(초고속, 초연결 가능)와 코로나19 팬데믹 상황에서 확산됨
     * 2030년까지 6G기술이 마련되고, 웨어러블 기기가 보편화되어 더 심화될 것으로 판단됨 (출처 *:맥킨지보고서)
   - 즉, 가상현실(VR)·증강현실(AR)·혼합현실(MR)등을 구현할 수 있는 통신기술이 마련되고 비대면·온라인 추세가 확산되면서 최근 주목받기 시작함

문장을 표현할 때에도 중요한 단어는 강하게 전달되도록 표기해주어야 합니다. 위 사례에서도 **핵심 단어는 밑줄(언더바)과 볼드 처리**를 하였습니다. 이를 통해 더 빠른 속도로 문장을 읽을 수 있으면서도 중요한 맥락은 놓치지 않도록 유도합니다.

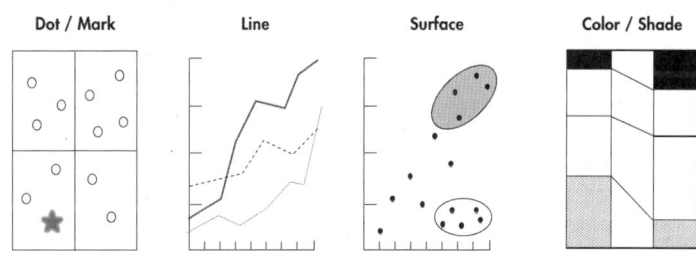

강조 포인트 부여

그래프를 표현할 때에도 중요한 항목만큼은 강하게 표기해야 핵심이 정확하게 전달됩니다. 다른 마크, 다른 색상의 선, 중요한 영역의 별도 표기를 통해서 상대적으로 튀게 만들어야 빨리 핵심을 파악할 수 있습니다.

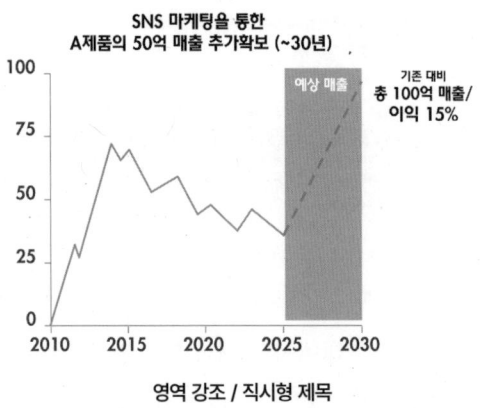

영역 강조 / 직시형 제목

복합적으로 다양한 소구성을 부여한 사례입니다. 미래 예상 매출이 증가할 것이라는 그래프이므로 현재에서 미래에 해당하는 영역을 추가로 강조했으며 라인 또한 튀는 방식을 썼습니다. 특히 미래에 대한 예상은 점선으로 표기하여 팩트는 아니고 의견이라는 점을 강조한 점도 모범적입니다.

또한 매출이 얼마나 어느 수준으로 증가하는지 별도 표기하였으며 그래프가 전달하고자 하는 내용을 아주 구체적으로 확인할 수 있도록 제목을 '직시형^{Direct Viewing Type}'으로 부여했습니다.

3.
간결성^{簡潔性}

기획서의 표현에서 과욕은 절대 금물입니다. 실무자인 본인에게 중요해 보이더라도, 경영진에게는 별로 중요하지 않을 수 있다는 사실을 잊어서는 안 됩니다.

원래 실무자에게는 모든 메시지들이 중요해 보이기 마련입니다. 그래서 기획서에 일단 모두 담아 표현합니다. 복잡한 도형과 그래프는 본질을 흐리고 메시지를 드러내지 못합니다. 도형이나 그래프, 테이블을 그릴 때에는 중요한 것만 담고 나머지는 별첨으로 돌리던가, 각주로 처리해야 합니다.

도형, 그래프, 표를 작성할 때에도 너무 많은 항목을 다루기보다 가장 큰 비중을 차지하는 항목만을 중심으로 표현하고 상대적으로 덜 중요한 요소들을 기타로 처리해야 보기 수월합니다.

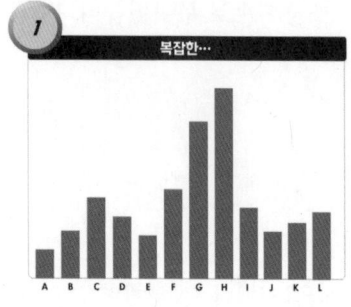 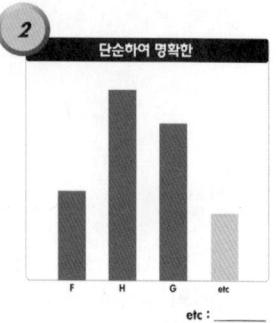

1번 사례는 2번 사례에 비해 상대적으로 다루는 항목이 너무 많습니다. 제일 큰 비중을 차지하는 항목을 중심으로 다시 표현하고 상대적으로 덜 중요한 요소들을 기타로 처리한 2번 사례가 훨씬 더 보기 수월합니다. **이것저것 모두 쏟아 부으면 아무것도 전달되지 못한다는 사실을 잊지 마십시오.**

직관적인 메시지로 승부해야 하는데, 한 번에 Fact를 확인하기 어렵다면 그 그래프는 차라리 포기하는 것이 안전합니다. 보기가 너무 쉽고 간결하다고 불평하는 경영진은 없습니다. 실제 맥킨지McKinsey&Company 또는 맥쿼리Macquarie 같은 글로벌 컨설팅펌이나 투자/펀드 회사의 각종 보고서 등을 보면 아주 쉬운 형태의 몇 가지 그래프들만 사용합니다. 말 그대로 '1 Graph 1 Message'입니다.

3

빠르고 확실한 파악을 위한 '인식의 베이스 라인'

사람들에게는 "**당연히 이러한 흐름으로 전개될 거야**", "**당연히 ○○은 어디에 위치할 거야**"라고 생각하는 '흐름과 배열의 기대치'라는 것이 있습니다. 이를 전문 용어로 **인식의 베이스 라인**^{Baseline}이라고 부릅니다.

기획서에 그래프, 도형, 표를 표현할 때에는 이 인식의 베이스 라인이 적용되어야 합니다. **상식과 관습이 통하는 기획서 비주얼 표현을 유지**해야 작성된 메시지가 안전하게 팔리기 때문입니다. 다른 사람에게 어떻게 보이든지 상관없는 Only My Way로 기획서를 표현하면 안 됩니다. 누구나 쉽게 알아보는 약속된 흐름과 배열을 지켜야 기획서가 술술 읽히고 보기 편해집니다.

기획서를 보는 사람들의 시선과 인식은 직관적으로 3가지 흐름과 배열 상태를 기대하면서 흐르게 됩니다.

> 시간의 흐름은 좌에서 우로
> 원의 흐름은 시계 방향으로
> 좋고 많은 것은 위로, 나쁘고 적은 것은 아래로

이 세 가지 흐름이 기획서 표현에 존재해야 하는 '인식의 베이스 라인'입니다.

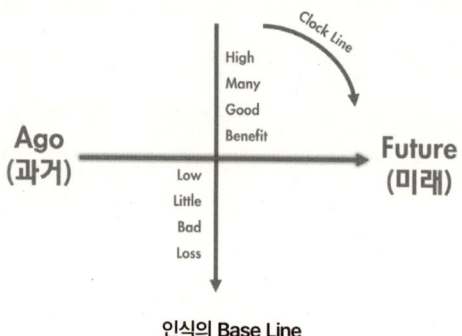

인식의 Base Line

우리의 인지 속에 시간은 좌에서 우로 흐릅니다. 전문가들이 사용하는 'L2R'이라는 용어가 있습니다. Left to Right(왼쪽에서 오른쪽으로 가는 시선 이동)은 어떤 문구, 시각적 표현에서도 기본으로 통용됩니다. 진행하는 단계나 흐름, 시간의 이동 등을 표현할 때는 L2R^{Left to Right}이 기본입니다. 이는 도형을 표현할 때에는 물론이고, 그래프를 표시할 때에도 적용됩니다. 그래프의 가로 축은 가급적 시간^{Timeline}을 중심으로 표현하는 것이 더욱 직관적인 느낌을 줍니다. 당연히 과거는 왼쪽, 미래는 오른쪽으로 배정되어 제시될 것이라는 기대치를 가지고 있기 때문에, 기획서에도 이러한 표현이 지켜져야 합니다.

○○ 프로젝트 수행 계획 *Gantt charts*

Activity	1월	2월	3월	4월	5월	6월	7월	8월	9월
1. xxxx	───	───							
2. xxxx		───	───	───					
3. xxxx				───	───	───			
4. xxxx					───	───	───		
5. xxxx							───	───	

위에 보여지는 사례에서도 진행 계획은 시간의 흐름을 가지고 있기 때문에 L2R의 배치를 하고 있습니다.

스마트폰의 잠금 화면 또는 기능 조정 화면에서도 L2R을 쉽게 찾아볼 수 있습니다. 대중적인 기기들의 사용자 환경^{User Interface} 설계는 상식과 관습을 기반으로 만들어야 고객들의 불편함이 없고 직관적 이용이 가능해집니다. 그 대표적인 상품이 스마트폰일 텐데 왼쪽에서 오른쪽으로 밀어내는 것이 '열림' 또는 '기능 활성화'라는 긍정성과 상승, 미래 지향성을 내포합니다. 반대로 오른쪽에서 왼쪽으로 가는 방향은 잠금, 닫힘, 불활성화, 과거 지향성 의미를 내포합니다.

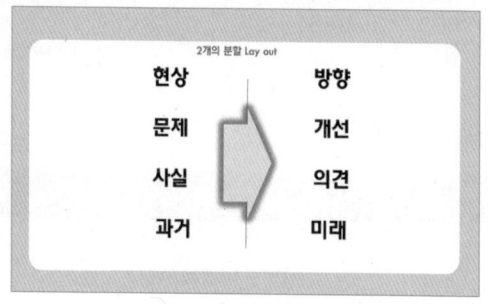

장표의 이원분할

보통 기획서는 낱장이 여러 장 묶여 하나의 'Pack 형태'로 만들어집니다. (상황에 따라 다르지만 5~15장이 모여 기획서 1Pack이 됩니다.) 이때 각 기획서의 낱장을 '장표'라고도 부르는데 이러한 낱장 장표를 2개로 크게 쪼개서 사용하는 경우가 많습니다. 물론 3개나 4개 메시지로 덩어리로 영역을 분할해서 쓰기도 하지만 가장 많은 빈도는 2개로 쪼개서 쓰는 '**이원분할**二元分割'입니다.

기획서 장표를 이원분할해서 사용하는 경우는 앞의 그림처럼 메시지의 덩어리가 구분됩니다. **왼쪽에는** 보통 '**현상, 문제, 사실, 과거**'의 사실이 배정되며 이에 상응하는 **오른쪽에는** '**방향, 개선, 의견, 미래**'의 성찰/분석 항목이 배정됩니다. 여기에서 중요한 것이 '상응'입니다. 서로 마주보고 있는 상태의 다른 메시지를 써야 한다는 말입니다.

좌측에서 '현재 상황'을 다루었으면 우측에는 '추후 방향'이 제시되고 좌측에서 '문제'를 다루었으면 우측에는 '문제의 개선'이 제시되며 좌측에서 '사실'을 다루었으면 우측에는 '해석, 의견'이 제시되어야 합니다.

메시지가 서로 마주보도록 배치하되, 왼쪽에 현상을 제시하고 이를 분석한 의견이나 방향을 제시하는 배치 방식이 더 이해가 빨라집니다.

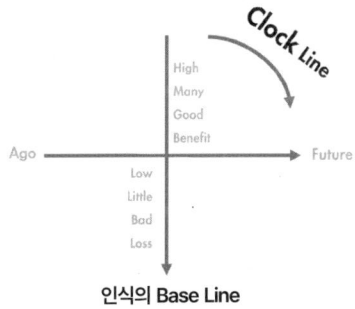

원Circle**의 흐름은 시계 방향**으로 흘러갑니다. 이를 일명 'Clock Line'이라고도 부릅니다. 시계는 우리가 살아가면서 자주 마주치는 원형 물체입니다. 방향을 제시할 때 "시계 방향으로"라고 표현할 정도로 원이 시계 방향으로 흐른다는 것은 하나의 사회적 약속이자 인지 흐름의 기본이 되었습니다.

그렇다면 시계를 볼 때 시선이 제일 먼저 닿는 곳은 어디일까요? 12시에서 1시 사이! 이 지점이 '직독성'의 영역입니다. 따라서 파이(Pie) 그래프나 원 도형을 전개할 때에는 **중요한 부분을 12시 시계 방향으로 첫 번째에 배치**하는 것이 가장 최적입니다. 그래야 중요한 점이 눈에 확 띕니다.

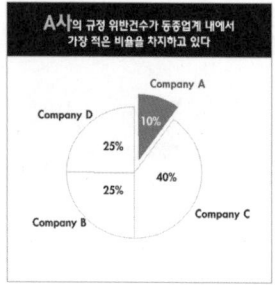 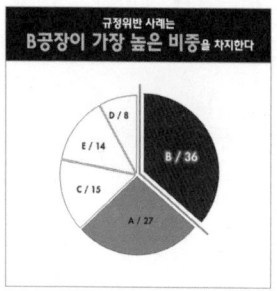

또한 원형 그래프로 표현할 때 **중요한 요소가 없다면 많은 것부터 순서대로 배열하는 것이 정석**입니다. 원형 그래프의 본질은 어떤 것이 비중이 가장 높은지를 보여주고 싶은 것이기 때문입니다.

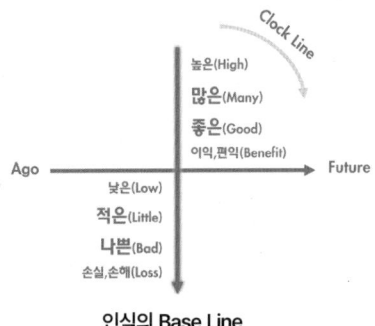

인식의 **Base Line**

　수직적 배열(위에서 아래로 전개되는 정렬, 배치)을 바라보는 사람들은 **위로 올라갈수록 좋은 것**Good, Better, **많은 것**Much **아래로 내려갈수록 적은 것**Little, Less, Few을 기대합니다. 수직적 정렬의 기대치는 순위, 랭킹을 표현하는 그래프를 작성할 때 적용될 수 있습니다.

　모든 사람은 등수 또는 순위를 보고자 할 때 정렬되어 있는 상태를 원합니다. "**무엇이 1등이고 무엇이 그 다음인가? 어떤 것이 꼴찌인가?**"를 한 번에 알아보고 싶어 합니다. 다음의 그래프는 순위 Rank order가 잘 표현되어 있는 좋은 사례입니다.

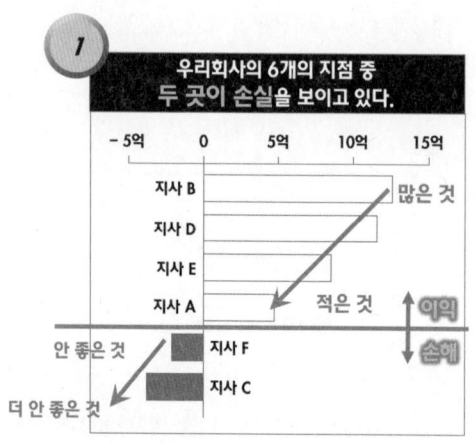

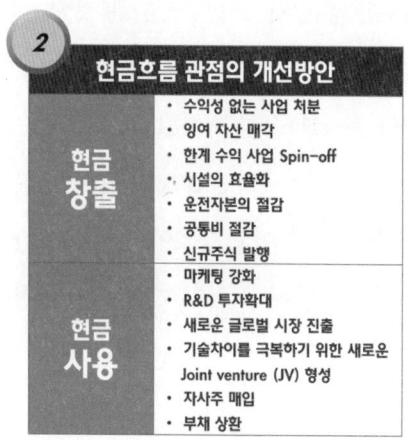

1번 사례는 위로 올라갈수록 매출이 높은 지사, 아래로 내려갈수록 매출이 낮은 지사의 실적이 배치되었습니다. 게다가 일정 기

점 아래로 내려가면 더 안 좋은 역성장의 순위로 하향 배열되고 있습니다. 매우 직관적인 표현입니다.

수직적 정렬이 내포하는 Good, Bad에 대한 기대 인식은 표를 그릴 때에도 적용될 수 있습니다. 위에 제시된 2번 사례의 표에서 **위쪽에 배치된 항목**은 '현금 창출', 즉 회사로 돈이 들어오는 것으로 Good에 해당합니다. 반대인 **아래에 배치된 것**은 '현금 사용', 즉 회사에서 돈이 밖으로 나가는 것이므로 Bad에 해당하는 것으로 볼 수 있습니다.

이렇듯 기획서에 그래프, 도형, 표를 표현할 때에는 인식의 베이스 라인이 모두 적용되어야 직독성을 높일 수 있습니다.

4

기획서 각 페이지의 5가지 구성 요소

 일반적으로 기획서는 표지 및 목차를 제외한 각 장표(페이지)가 다음의 그림과 같은 구성으로 되어 있습니다. 물론 모든 기획서 장표가 이러한 형태와 구성을 유지하지는 않지만 대체로 이러한 기본 구성을 바탕으로 일부 변형이 이루어집니다. 기획서 페이지를 구성하는 5가지 요소를 먼저 확인하고 이후에 각 요소를 표현하는 방법을 밀도 있게 다룰 예정입니다.

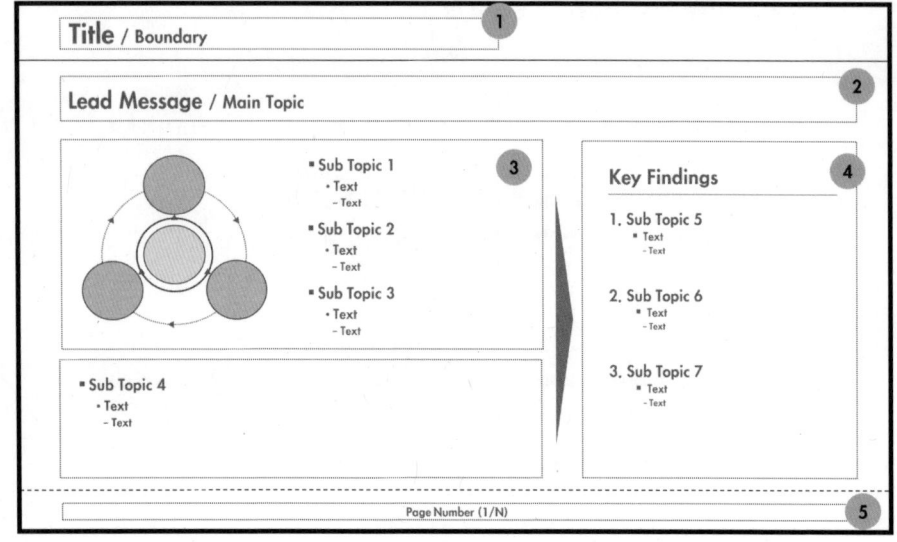

기획서의 페이지 구성

1번 항목: (해당) 페이지의 제목

보통은 ○○의 방향, ○○의 실행 개요, 추진 계획 등으로 '목차 설계도'에서 설정한 중목차 또는 소목차가 배치됩니다. **페이지 제목은 가급적 구체적**으로 쓰는 것이 좋습니다. 단순히 '추진 계획'보다는 '마케팅 추진 계획(○○상품, ~를 중심으로)'로 규명하거나 지정해주는 것이 훨씬 더 명확하고 메시지 전달력이 좋습니다.

2번 항목: 해당 페이지의 핵심 요약 문장

Lead Message / Headline / Governing Message 중 하나로 호칭됩니다(이 책에서는 'Lead Message'라고 호칭합니다). **해당 페이지의 모든 메시지를 쓸어 담아주는 2줄 정도의 문장**이어야 하며 전체적이면서도 중요한 사항은 구체적 수준까지 파고 들어가야 합니다. 페이지에 존재하는 나머지 내용을 보지 않고 Lead Message 2줄 정도만 읽어도 이해에 문제가 없는 수준이 최고입니다. 사실 대부분의 직장인들에게 기획서 쓸 때 가장 어려운 것이 무엇인지 꼽아 보라고 하면 Lead Message 잡아 내는 것이 1순위로 언급됩니다.

3번 항목: 해당 페이지의 주요 근거, 세부 항목

보통 Lead Message를 받쳐주는 세부 데이터, 분석 결과가 표기됩니다. **주로 Fact 중심으로 작성되며 이 페이지에서 가장 디테일하고 명확한 내용이 언급**되어야 합니다. 단 원천 수치$^{Raw\ Data}$나 날것의 메시지가 아닌 1차로 가공된 형태의 그래프 또는 도형, 테이블과 함께 분석 결과가 간단한 개조식 표현으로 제시됩니다(개조식 표현이란 문단마다 글머리 기호, 일명 불릿 포인트를 붙여서 간결하게 요점을 정갈한 단어 중심으로 작성하는 것을 말합니다).

4번 항목: 사실과 현상을 분석한 성찰 내용, 이후 방향성

일명 'Key Findings'라고 부르며 해당 페이지의 두 번째 중요한 메시지입니다. (제일 중요한 메시지는 Lead Message입니다.) 3번 항목이 사실과 현재를 중심으로 기술되는 반면 4번 항목은 **실무자로서의 성찰 결과 또는 방향성**을 표시합니다. 따라서 3번 항목과 4번 항목은 상호연관성이 높도록 작성되어야 합니다.

보통 기획서에 등장하는 Key Findings는
 Why 단계에서는 '문제와 원인 등에 대한 통찰'이 들어가며,
 What 단계에서는 도출되는 다양한 요소를 통합한 '방향성'이 들어갑니다.
 (How 단계는 일반적으로 Key Findings가 출현하지 않습니다.)

중요한 점은 Key Findings는 해당 페이지 뒤쪽에 나오는 메시지들과 연결돼야 합니다. 문제에 대한 분석 결과는 이후의 방향성으로 연결되어야 하며 도출된 방향성은 이후 실행 과제들과 맞물려야

합니다.

5번 항목 : 페이지 쪽번호
(필요 시) 회사의 로고, (필요 시) 작성 주체가 되는 조직

일반적으로 페이지를 표시할 때에는 전체 페이지 중에서 현재가 몇 번째 페이지인지를 알려주는 것이 좋습니다. 예를 들면 '4/10'의 표시로 전체 10페이지 중에서 현재는 4페이지임을 알려줍니다. 회사의 로고 또는 조직을 표시할 때에는 보통 7번 영역의 오른쪽에 배치합니다.

이제는 각 요소별로 어떻게 작성하는 것이 좋은지를 설명해 보겠습니다.

5

확 꽂아주는 직구형 제목

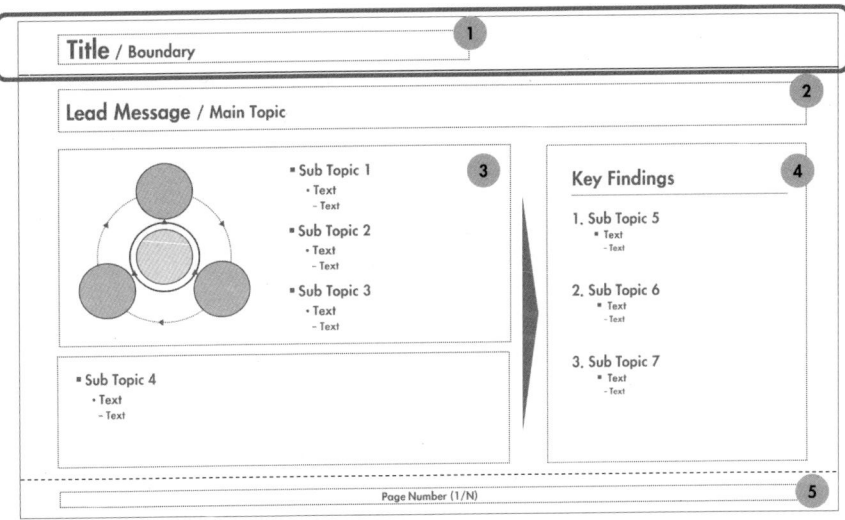

기획서의 페이지 구성

각 장표별 제목을 우습게 보는 분들이 많습니다. 으레 있어야 하므로 대충 기록해도 되는 것이라고 생각합니다. 제목은 으레 있는 것이 맞지만 상투적인 것이 아닙니다. 제목은 기본이자 필수입니다. 기획서를 쓰는 데 집중하다 보니 정작 제목을 대충 짓는 분들이 많습니다. **제목은 기획서를 만나는 첫인상이자 각 장표의 존재 이유를 부각시켜주는 대문 같은 역할을 합니다.**

각 페이지의 제목 쓰는 법

장표별 제목은 대목차에 해당합니다. 대부분 '목적 및 취지', '문제점 분석', '접근 방향' 이런 정도의 수준으로 작성되는 경우가 많습니다. 좀 더 욕심을 내보면 좋겠습니다. **제목은 구체적일수록 좋습니다.**

장표별 제목을 보는 경영진으로 하여금 아래의 질문이 해결되도록 신경 써야 합니다.

- *이 단락/장표은 주로 어떤 내용을 언급하는 것인가? (Boundary)*
- *이 단락/장표는 무엇을 집중해서 다루는 것인가? (Focus)*
- *이 단락/장표가 앞뒤로 어떻게 연결되고 있는 것인가? (Link)*

위의 3가지 질문에 답을 하기 위해서는 제목을 좀 더 구체적으로 부여해야 합니다. 가능하다면 메시지의 영역을 잡아주는 메인 Main 제목 외에 메시지의 내용이 무엇에 포커스 Focus되어 있는지를 보여주는 서브 Sub 제목을 동시에 부여해 주면 제목이 구체적으로 강화됩니다. 더불어 해당 장표가 단독이 아니고 앞뒤 연결성이 높은 경우에는 제목 뒤에 이를 확인할 수 있는 표기를 같이 해주는 것도 좋습니다. 이 내용을 표로 정리해 보았습니다.

단락/장표 제목의 유형

단락/장표의 메인 제목	서브 제목 (예시)
추진 배경 (문제 상황, 필요성)	문제 상황, 개선 필요점
	주요 현상과 핵심 요구
현재 상황/상황 분석	내부 분석
	외부 분석
	종합 시사점
개선 방향/지향점	핵심 성공 요소 도출과 대응
	목표 및 지향점(단기 - 중기 - 장기 / 정량&정성)
추진 전략	○○프로세스, ○○정립, ○○시도
	경쟁우위 추구, 지속 성장 추구
	리스크의 검토 및 대응
실행 계획	실행 개요 및 운영 계획
	대상 및 실행 주체 (R&R)
	총 소요 비용(직간접 비용) 및 효과성 분석
	추가 참고 사항, 고려 사항
예상 실행 결과/효과성 추적	실행 후 예상 결과
	모니터링 방안

작성 방식 및 사례

- **장표 단독인 경우**
  메인 제목 + 서브 제목
  예) 추진 배경(문제 상황), 실행 계획(개요 및 단계별 Activity)

- **연결/지속되는 경우**
  메인 제목 + 서브 제목 + (1/1), (1.2) ··· 메인 제목 + 서브 제목(계속)
  예) 상황 분석(경쟁사 분석1/2), 추진 전략/KSF 도출 및 상세 설명(계속)

- **대표하는 경우, 귀결되는 경우**
  메인 제목(종합)
  예) 실행 계획(종합), 실행 계획(R&R 상세), 실행 계획(비용, 효과성)

제목은 **그 단락/장표의 고유한 내용과 존재 의미**를 보여주어야 함을 잊지 마십시오.

기획서의 전체 제목 쓰는 법

단락/장표의 제목 외에도 기획서 전체의 제목을 짓는 방법도 우리는 잘 모릅니다. 그러다 보니 두루뭉술한 기획서 제목이 주를 이루어 ○○ 전략 수립의 건, ○○ 추진의 건 등과 같이 업무명을 그대로 적는 경우가 다반사입니다. **기획서의 제목은 업무명을 쓰는 것이 아닙니다.** 어떤 내용을 담고 있는지가 명확하고 구체적으로 기록되어 있어야 합니다.

이 기획서의 본질이 무엇인지, 어떤 점이 핵심인지 보이는 **Killing Shot**을 구사해야 합니다. 그래서 도대체 이 기획서가 무엇이고, 왜 시간을 들여서 읽을 필요가 있는지 정확하게 알려줘야 합니다. 제목은 독자를 후킹Hooking하는 것입니다. 그래서 **기획서의 제목은 강렬하면서도 짧아야 합니다.**

기획서의 제목에는 3가지가 포함되어야 합니다.

① **실행**Action: 무엇을 하는 것인지에 대한 설명
② **목적, 목표**Purpose, Goal: 이것은 궁극적으로 무엇을 위해 진행하는 것인지
③ **핵심 내역**Key Performance: 가장 역점을 두어서 진행하는 것이 무엇인지

'실행, 목적/목표, 핵심 내역' 이 세 가지가 확인 가능해야 좋은 제목입니다.

또한 안전하게 큰 업무 영역을 보여주는 대제목과 함께 구체적인 부제를 동시에 구성하여 보여주는 것도 현명한 방식입니다. 다

음 예시를 보면 거시적인 제목과 함께 구체적인 부제를 구사하면 매우 직관적이면서도 **확 꽂아주는 직구와 같은 제목**을 확인할 수 있습니다.

비즈니스 세계에서는 굽이굽이 돌아가서도 안 되고 모호해서도 안 됩니다. 기획서의 제목도 마찬가지입니다.

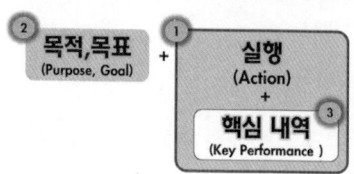

기획서 제목의 구성

6

기획서의 꽃!
Lead Message

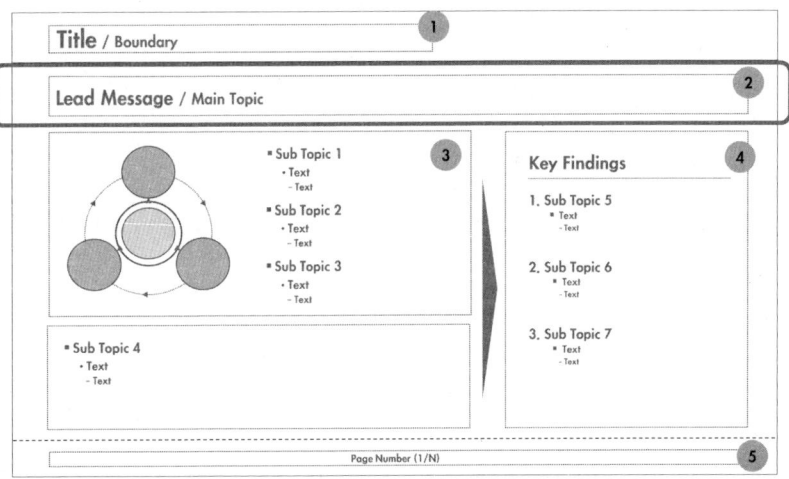

기획서의 페이지 구성

Lead Message는 경영진에게 신호를 보내는 것으로 해당 페이지가 존재하는 이유이자 본질이기도 합니다. 따라서 모든 것을 포괄하면서도 매우 중요한 수치까지도 품고 있는 문장이어야 합니다. **전체적이면서도 구체적인 문장**이 최고입니다. 전체적이면서 구체적이어야 한다는 것은 말이 쉽지 상당히 어려운 이율배반적인 균형입니다.

은유적으로 표현해본다면 1번부터 5번까지의 메시지들(부족원)이 살고 있는 작은 부족 마을의 대장, 족장으로서 역할을 하는 것이 Lead Message입니다. 작은 부족 마을(기획서 각 페이지)이 여러 개가 모이면 국가(전체 기획서)가 됩니다.

성격이 비슷한 부족 마을이 또 있으면 싸울 수밖에 없어서 결국 나중에는 하나로 통합되던가, 힘이 약한 부족은 별첨이라는 동네로 빠지게 됩니다. 족장은 다른 족장과의 결투에서도 이길 정도로 힘이 세야 하며 부족 구성원들도 족장만 바라보며 똘똘 뭉쳐야 부족의 힘이 강해집니다.

이렇듯 Lead Message는 기획서 각 페이지의 메시지들을 크게 포괄하고 집중시키면서도 전체 기획서의 구성과 스토리상에서도 공존할 수 있는 수준으로 작성되어야 합니다.

각 장표의 대장이면서도 다른 장표의 대장들과 겹치지 않고 잘 어우러지도록 작성된 것이 좋은 Lead Message입니다.

(가로 장표인 경우) Lead Message는 보통 2줄 정도로 작성됩니다. 1줄은 너무 짧습니다. Lead Message가 1줄로 끝날 정도라는 것은 해당 페이지가 내용이 너무 빈약한 것을 반증합니다. 3줄은 약간 길다는 느낌을 줍니다. 보통 2초 정도에 쓱 읽어나갈 정도로 수준이라면 2줄이 가장 적절한 길이입니다.

Lead Message에 사용하면 안 되는 문구가 있습니다. 바로 "아래와 같음"입니다.

- *○○○로 인해 발생한 문제에 대한 해결책은 아래와 같음*
- *아래와 같은 추진 계획을 수립하였음*

자칫 경영진으로 하여금 기획서의 하위 메시지를 읽도록 유도하는 문구라고 오해할 수 있습니다. 최악의 경우 경영진이 Lead Message만 읽는 경우도 발생하기 때문에 메시지 전달이 누락되는 위험을 품고 있는 것입니다. Lead Message는 최대한 핵심 내용을 담고 있어야 안전합니다.

Lead Message를 읽었을 때 **Fact에 대한 호기심이 생길 수준까지의 구체성**이 보장될 필요가 있습니다. 따라서 '왜, 무엇을, 어떻게'에 대한 요소가 포함되도록 작성하는 것이 좋으며 핵심 수치^{Give me a number}가 있다면 일부를 노출시킵니다. Lead Message는 **최대한 직설적이고 날카롭게 써진 모습**이어야 합니다.

아래 두 가지 사례를 보면 Lead Message로서 가져야 하는 **포괄성**과 **구체성**이 동시에 존재하는 상황을 확인할 수 있을 것입니다.

- 中 사천 지역 지진으로 인한 공장 피해액은 4.5억 수준으로 경미하며, 5월 말까지 ○○라인의 90% 복구가 가능함 (상반기 ○○ 목표 97% 달성 예측)
- ○○제조공정 분야의 AI기술 접목 전략은 2030년까지 5단계 실행을 거쳐 진행할 예정이며 현상 분석, 방향 설정의 1단계를 2026년 하반기까지 종료함

기획서에 사용되는 Lead Message들을 모아서 분석해 보니 이 또한 어느 정도 패턴이 존재하고 있었습니다. 자주 사용되는 유형이 있다는 말입니다. 기획서 전체를 대표하는 Main Lead Message의

구성은 보통 다음과 같은 구조를 유지하면서 작성됩니다.

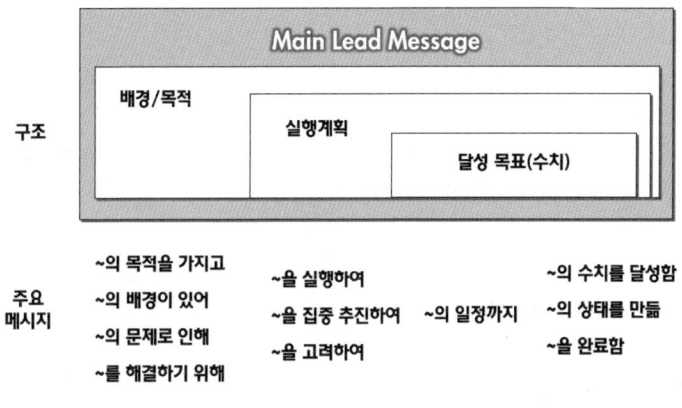

기획서 Main Lead Message의 구조

모든 문서 전체를 관통하는 핵심 Lead Message는 **"배경/목적 + 실행 계획 + 이루고자 하는 수치적 목표"**로 구성됩니다. 그리고 그 대표적인 메시지들의 느낌이 담긴 문장을 함께 기록해 두었으니 적절한 표현을 선별하고 조합하여 문장을 구사하기 바랍니다.

예를 들어 '특정 ○○서비스의 고객 클레임에 대응하는 기획서'라면 **"~의 문제가 있어서 ~을 집중 추진하여 ~까지 ~의 상태를 확보함"**이라는 Main Lead Message가 만들어질 수 있습니다.

각 장표별 Lead Message를 구성하는 문장은 2가지 메시지 덩어리가 만나서 조립되는 경우가 많습니다. 예를 들어 '문제+대응방안', '문제+원인', '지향점+실행', '분석+판단'처럼 2가지 메시지가 병행되면서 사용됩니다.

다음은 2가지 메시지 병행 구조를 바탕으로 기획서에서 자주 사용되는 문구 유형을 정리한 표입니다. 이 표를 참고하여 장표별 Lead Message를 도출하면 도움이 될 것입니다.

메시지 유형	자주 사용되는 문구	기획서 논리 상의 위치		
		Why	What	How
배경, 취지	~ 에 대해 ~ 할 필요가 있음 ~ 에 대한 ~ 접근이 요구됨 ~ 에 대해 ~ 로 나타남	●	◐	
현상 분석/ 상황 기술	~ 하고 있으며, ~ 로 전망됨 ~ 으로 인해 ~ 이 필요함 ~ 의 상황으로 ~ 을 고려해야 함	●	◐	◐
인과 관계/ 원인 분석	~ 하여 ~ 가 발생함 ~ 의 문제는 ~ 에 기인함 ~ 의 원인은 ~ 으로 판단됨	◐	●	

지향점/목표	~ 진행하여 ~ 을 달성/추구함 ~ 을 통해 ~ 을 시도함 ~ 을 ~ 수준까지 가능/단축하도록 함 ~ 을 하여 ~ 을 도출/수립/확보/개발/개선함	◑	●
실행 전략/ 후속 추적	~ 단계로 진행됨 ~ 을 중심으로 ~ 접근함 ~ 을 ~ 까지 완료예정임 ~, ~, ~ 을 집중 고려함 ~ 의 비용이 소요됨 기존과 ~ 이 달라질 예정임 향후 ~ 을 적용함	◑	●

　기획서를 작성할 때 빠지게 되는 함정이 있습니다. 바로 지금의 한 장에만 최선을 다하려고 하는 것입니다. 쉽게 말해서 큰 그림을 놓치면서 작게만 파고 들어가버립니다. 군대라는 조직에 비유해본다면 중대, 소대끼리는 잘 화합하는데 상위 조직인 대대의 방향과 안 맞는 상태입니다.

　좋은 기획서는 전체를 하나로 보면서 각 페이지(각 단락)가 물 흐르듯이 연결되어야 합니다. 앞서 발제했던 문제가 뒤에서 연결되어 그에 맞는 해결 방안이 제시되어야 하며, 3가지 접근 방향이 언급되었다면 뒤에서 그에 뒤따르는 3가지 실행 계획이 연결되어야 합니다.

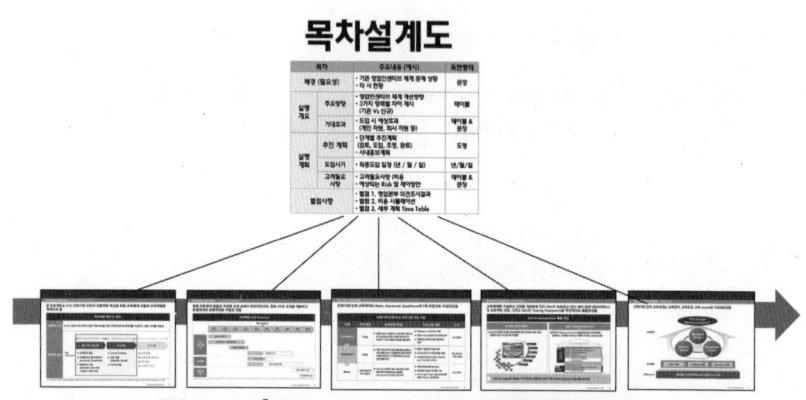

각 Lead Message 간의 원활한 흐름

페이지(단락) 간 수평적 연결

위 그림에서 보이는 것처럼 1, 2, 3, 4, 5페이지들이 담은 메시지들은 분절되지 않아야 합니다. 각 페이지(단락)들이 **매끄럽게 앞뒤로 연결되면서 흐름과 스토리가 살아있어야 최적의 상태입니다. 기획서는 낱장의 게임이 아니고 큰 그림의 게임이라는 점**을 꼭 상기해야 합니다. 따라서 각 페이지의 Lead Message를 추출할 때에는 앞뒤의 메시지 간 연결성에 문제가 없는 수준인지 검토해야 합니다. 이렇게 전체적으로 연결된 메시지 상태를 '**수평적 메시지 정렬**'이라고 부릅니다.

Lead Message는 현재 페이지(단락)를 대표할 만큼 충분한 독립성이 있으면서도 앞뒤 다른 페이지(단락)와도 대등하게 연결되어야 합니다. 컨설턴트들이 기획서 작업 중반 이후부터 지속적으로 신경 쓰고 교정하는 단계가 바로 수평적 정렬 상태의 체크입니다.

  기획서의 논리 설정 단계에서 '목차 설계도'가 탄탄하게 잘 쓰여졌다면 기획서의 수평적 연결이 훨씬 무난해질 것입니다. 컨설턴트들이 시간을 내서 목차 설계도를 작성하는 이유가 있습니다. 잘 정돈된 흐름이 기획서의 메시지 전달과 논리적 전개, 명확한 표현에 매우 중추적인 역할을 때문이 아무리 바빠도 먼저 목차 설계를 해주는 것입니다.
  '메시지 추출'과 '논리적 목차 설정'과 '문서적 표현'은 결코 따로 움직이지 않습니다.

7

관계와 흐름을 표현하는 도형

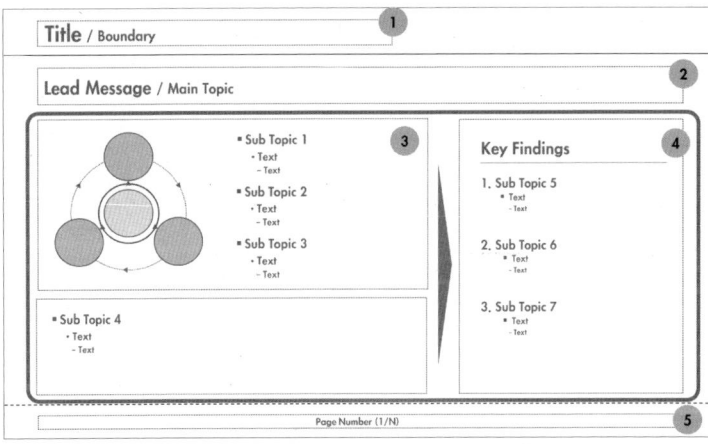

기획서의 페이지 구성

기획서 페이지 구성 중 3번, 4번 영역에 가장 많이 사용되는 표현 방식은 '도형, 그래프, 표, 문장'입니다.

도형Diagram은 글자 마사지의 결과물로서 **텍스트가 너무 과도하게 많을 때 이를 정리하여 흐름과 관계를 중심으로 다시 표현하는 것**을 말합니다. 10줄짜리 문장 뭉치들도 도형으로 바꿔서 표현하면 훨씬 더 직관적인 이해를 높이게 되며 맥락을 강조할 수 있는 장점이 있습니다.

'글자 위주의 표현'과 '도형 병행 표현'의 차이는 다음과 같습니다.

글자 위주 표현	도형 병행 표현
• 처음부터 끝까지 작성하고 읽지 않으면 이해할 수 없다.	• 포인트가 되는 단어나 수치가 부각된다.
• 두 번은 읽어봐야 어떤 내용인지 알 수 있다.	• 흐름과 추이를 볼 수 있어, 주장하는 바를 한눈에 알 수 있다.
• 애매한 표현이나 불충분한 단어들이 문제가 된다.	• 전체적인 구조나 프로세스, 방법 등을 직관적으로 이해할 수 있다.
• 작성하는 과정에서 기획자가 가지고 있는 고정관념이나 편견이 담긴 단어에 함몰된다.	• 단편적으로 흩어져 있는 정보들이 모여 의미 있는 메시지로 바뀐다.

'도형 병행'이라고 표기한 이유는 도해가 주[主]가 되어서는 안 된다는 것을 알려주고자 함입니다. 과하게 사용한 도형이 본질을 흐

려버리고 이 때문에 경영진들이 **"그림 장난 치지 말라"**고 질타하는 상황도 벌어진다는 것을 생각하십시오. 기획서에서 도형은 적절한 선에서 그리고 꼭 필요한 수준에서 사용하기를 권합니다.

도형화를 시도하는 경우에는 다음의 3단계를 거치는 것이 가장 이상적입니다.

Step 1. 메시지를 명확히 한다

해당 페이지에서 도형으로 표현하고자 하는 메시지를 우선 정합니다. 가급적 구체적인 메시지를 확정해야만 최적의 표현 방식을 선정할 수 있습니다. 손에 잡히지 않는 메시지를 억지로 도형으로 표현하게 되면 오히려 본질이 흐려지고 이상한 모양이 나옵니다.

도형화하고자 하는 메시지라면 다음에 제시된 예시 정도의 수준까지는 구체화가 진행되어야 합니다.

- 프로젝트는 5단계로 진행된다.
- 3가지의 위협 요인이 있으며, 이는 공통 원인 때문에 발생한다.
- 상품화 전략은 5가지 특징이 존재한다.

- 문제를 해결하기 위해서 A, B팀은 적극 협조해야 한다.

Step 2. 메시지를 표현할 최적 형태를 선정한다

구체적인 메시지를 정했다면, 이를 **최적의 도형 모양을 결정해야** 합니다. 도형의 '표현 콘셉트'를 정하는 것이죠. **표현 콘셉트**란 '어떤 모양으로 배열하는 게 가장 최적인가?'를 설정하는 것을 말합니다.

기획서에 표현되는 대부분의 도형은 6가지 콘셉트 중 하나로 표시가 가능합니다.

- 흐름 Concept : 수평 흐름(시간), 수직 흐름(등급, 단계), 순환 흐름(연결 프로세스)
- 관계 Concept : 긍정상호관계, 부정상호관계
- 중심점 Concept : 집중 요인, 영향 요인
- 변환/개선 Concept : 진행 단계, 장벽 돌파, 단계별 필터
- 균형 Concept : 밸런스, 레버리지
- 요소/분할 Concept : 구성 요소, 나열

앞서 소개한 구체적 메시지에 도형 콘셉트을 접목한다면 아래

와 같이 정리할 수 있습니다.

- 프로젝트는 5단계로 진행된다. (흐름 Concept - 수평 흐름)
- 3가지 위협 요인이 있으며, 공통 원인으로 발생한다. (중심점 Concept)
- 상품화 전략은 5가지 특징이 존재한다. (분할 Concept - 5개요소)
- 문제 해결을 위해서는 두 팀은 협조해야 한다. (중심점 Concept)

Step 3. 적절 도형으로 표현한다

구체적 메시지를 최적으로 표현할 6가지 콘셉트 중 하나를 정했다면 이제 PPT나 문서 작성 도구를 사용하여 도형으로 표현합니다. 만약 메시지와 콘셉트를 구체적으로 정하지 않고 **즉흥적으로 도형을 표현하게 되면 어떤 부작용이 있을까요?**

도형의 표현 콘셉트가 정확히 없는 상태에서 **도형 표현을 즉흥적으로 아무거나 바로 써버리면 메시지가 무너지고 공백이 발생합니다.** 결국 표현하고자 했던 내용이 아닌 협소하고 표면적인 메시지에만 급급해지면서 도형 표현의 정리 수준이 얕아집니다. 메시지의 맥락이 무너지게 되는 것이죠.

매번 새로운 도구를 사용해 도형을 만들지 말고, 가급적 차곡차곡 모아 놓은 일명 '도형 은행'을 만들어 두면 편리합니다. 6가지 콘셉트(흐름, 관계, 중심점, 변환/개선, 균형, 요소/분할)별로 자주 활용되는 도형을 한 파일로 모아두고 **필요할 때 꺼내서 일부만 조정하고 사용하는 방식을 추구하기를 권장합니다.**

6가지 콘셉트별로 대표적인 도형 형태를 간단히 소개해보면 아래와 같습니다.

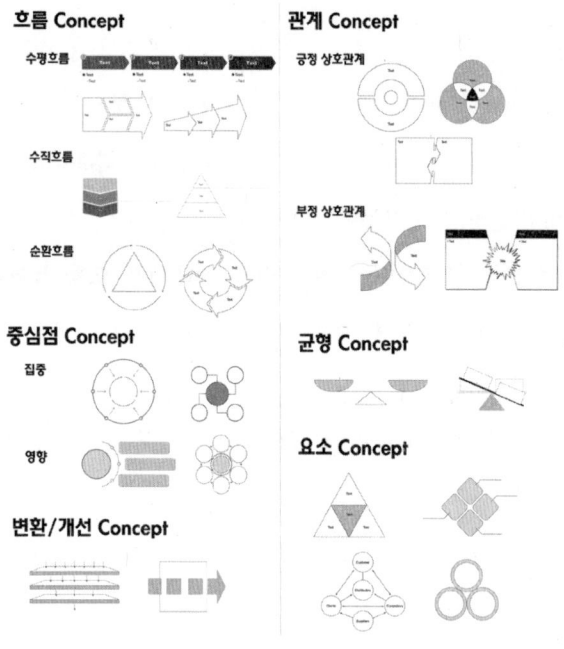

8

Data to Chart,
수치를 관통하는 좋은 그래프

비즈니스를 '데이터 싸움'이라고 할 정도로 데이터의 확보와 해석, 정갈한 표현은 기획서에서 아주 중요한 기술입니다. 기획서에서 사용하는 수치 메시지를 정확하고 예리하게 쓰려면 우선 기획 과제와 관련된 좋은 데이터를 확보해야 합니다. **좋은 데이터란 최신성, 유사성, 신뢰성**이 보장되어 있는 상태를 말합니다.

데이터의 최신성이란 최근 데이터야 한다는 점입니다. 오래된 데이터가 사용된 기획서에 신뢰를 주기에는 위험 부담이 큽니다. **데이터의 유사성**이란 기획 과제와 딱 맞는 비즈니스/산업/직종/

직무에 대한 데이터여야 한다는 점입니다. 누구나 남의 동네 얘기는 듣고 싶지 않습니다. 경영진은 우리 회사와 관련된 업계 이야기를 심도 있게 알고 싶고, 우리가 하는 비즈니스를 더 깊이 있게 보고 싶어 합니다.

데이터의 신뢰성이란 데이터는 충분한 대표성을 지니고 있어야 하며 출처가 명확하면서도 믿을 만한 공신력이 있어야 한다는 것입니다. 몇 십 명 정도만이 응답한 조사 결과를 믿는 경영진은 없습니다. 더불어 신뢰를 주는 출처에서 얻는 데이터가 훨씬 더 위력적입니다.

대개 기획서에는 도형보다 그래프가 더 자주 출현합니다. 실제로 우리가 쓰는 기획서를 살펴보면 도형과 그래프의 사용 비중은 보통 3 대 7 정도로 그래프가 더욱 많이 사용됩니다. 도형이 메시지에 대한 흐름과 전개 방식, 맥락에 대한 이해를 높여주는 게 목적이라면 **그래프는 메시지가 가진 Fact에 대한 이해도를 높여주는 게 목적**입니다. 따라서 기획서라면 그래프가 더 단골손님이어야 하는 것이 옳습니다.

그래프란 '숫자^{Data} 마사지의 결과물'로서 **숫자들 사이에 존재하는**

또는 숫자들의 이면에 존재하는 메시지를 시각화한 것을 말합니다.

위 문장에서 중요한 포인트가 두 가지가 있습니다.

첫째, 숫자 사이에, 숫자 이면에 존재하는 메시지

단순하게 'A가 B보다 크다', 'A의 매출액이 가장 높다' 정도의 일차원적인 메시지뿐이라면 굳이 그래프로 그릴 필요가 없습니다. 'A가 B보다 크다'보다는 'A가 B보다 얼마나 큰지, 왜 큰지, 언제부터 커진 것인지'가 더 좋은 메시지입니다. 또한 'A 매출액이 가장 높다'보다 'A 매출액은 무엇이 가장 큰 비중을 차지하는지, 2등과는 얼마나 차이가 나는지' 등의 분석 결과를 담은 메시지가 더 가치 있습니다.

둘째, 시각화

Data에서 도출한 메시지가 '한눈에 보이게' 만들어야 합니다. 그래프로 그렸는데 더 알아보기 어려운 경우가 다반사입니다. 해당 메시지를 가장 잘 표현하는 그래프 형태를 선별하여 적용해야 가장 직관적으로 이해하기가 쉽습니다. 또한 그래프는 잡스러운 Data를 최대한 버리고 솎아낸 상태에서 작업해야 합니다.

이제부터 소개하는 그래프 표현의 3단계는 앞서 소개한 도형화 표현의 3단계와 별반 다르지 않습니다.

Step 1. 메시지를 명확히 한다

Data를 분석한 결과에서 기획서의 내용을 강력하게 뒷받침해주는 메시지 하나를 선정합니다.

Step 2. 메시지를 표현할 최적 그래프 유형을 선정한다

지구상의 어떤 수치 Data들도 이를 분석하고 파헤치고 지지고 볶아도 최종 5종류의 그래프 콘셉트로 귀결됩니다.
비중, 시계열(시간 흐름), 빈도, 랭킹(항목 차이), 상관관계

비중Weight

보통 '%'로 표시되며 일정 기준 내에서 얼마나 서로 나누어 가졌는지 보여줍니다.

메시지 예

- 전체 수익 중 75%가 중국 수출에서 발생한다.
- 영업부장의 전체 일과 중 현장 방문은 15%에 불과하다.
- 최근 10년간 판매관리비 중 접대비의 비중이 점차 상승하고 있다.

시계열 Sequence / Time series

시간의 흐름에 따라 어떤 변화 또는 변곡점이 있는지를 보여줍니다.

메시지 예

- 시장의 규모는 착실하게 성장하고 있고 10년 후에는 1조 시장을 돌파하게 된다.
- 매출은 5년간 상승세를 지속할 것이다.

빈도, 분포 Frequency

분포도를 표시하는 방식으로 특정 요인이 어느 곳에 집중 또는 분산되는지 표시해줍니다.

메시지 예

- 중소기업의 평균 연봉은 3,000~4,000만 원 수준이다.
- 대졸 신입사원의 평균 나이는 29세가 가장 많다.
- 직원 복지 만족도 평가는 3.8의 수준이 가장 집중되어 있다.

차이, 순위 Ranking

하나의 기준을 바탕으로 무엇이 몇 등인지 순위를 나타냅니다. 더불어 각 항목의 격차는 어떤지를 보여줍니다.

메시지 예

- C 지역은 생산성에서 최하위이다.
- OECD 국가 중 WLB 지수는 덴마크가 최고이다.

상관관계 Correalation

두 가지 요인이 어떤 연관성이 있는지 표시하는 그래프 패턴으로 보통 X축과 Y축의 교차로 표현합니다.

메시지 예

- 인센티브와 매출액은 상관관계가 높지 않다.
- 상사의 리더십에 대한 만족도는 직무 만족도와 정비례한다.
- 직원들의 외부 활동이 잦을수록 인당생산성이 떨어진다.

Step 3. 메시지를 표현할 최적의 그래프 형태로 표현한다

그래프는 눈에 보이는 대로 마구잡이로 쓰지 말아야 합니다. 총과 포를 예를 들어보면 각 무기마다 사용해야 하는 총탄과 포탄의 사이즈가 정해져 있는 것처럼 그래프 역시 최적 유형이 존재합니다. 해당 메시지를 최적으로 쏘아 올려주는 그래프 패턴을 골라서 사용해야 '인지 적중률'이 높습니다.

글로벌 컨설팅 회사인 맥킨지에서도 그래프 메시지마다 최적의 인지와 이해를 전달할 수 있는 그래프 패턴을 도출하여 다음의 표를 도출하였습니다.

맥킨지의 Graph Choice Matrix

메시지 유형	차트 유형					
	원형	수직 막대기	수평형 막대기	선	면적형	기타
비중/구성	●	▮▮▮▮				▁▂▃ ●
랭킹/항목 차이			▬▬▬			●●●●
시계열/시간흐름		▮▮▮▮		╱╲	▰▰▰	
빈도		▮▮▮		╱╲		
상관관계			▬▬		●●	⋰
기타					⬠	○◐● ★★★☆☆

Adapted from "Say It With Charts, The Executive's Guide to Successful Presentations in the 1990s", by Gene Zelazny

표를 보면 확인할 수 있겠지만 그래프의 모양이 특이하지 않고 모두 일반적입니다. **그래프는 예쁘고 그럴싸하게 만드는 것이 아닙니다. 메시지 전달이 가장 정확하게 되는 것이 우선입니다.**

그러므로 여러분들도 웬만하면 여기에 제시된 형태 외 다른 그래프는 쓰지 않기를 권장합니다. 일반적이지 않은 그래프는 그리기도 어렵거니와 상대가 알아보기도 어렵습니다.

9

한 방에 읽히는 좋은 문장의 비법 7가지

기획서에 써 있다고 모두 좋은 문장은 아닙니다. 저의 경험상 대부분의 직장인들이 문장력이 약합니다. 어떤 문장이 좋은 것인지 어떤 문장이 나쁜 것인지 기준조차 모릅니다. 좋은 문장이 가진 기준을 알고 있어야 쓸 때 잘 쓰게 되며, 나중에 본인 기획서의 문장을 스스로 보는 눈이 생깁니다. 어떤 문장이 좋은 문장인지 확인해 보겠습니다.

1.
직설적 윤문

경영진은 두 번 읽는 것을 싫어합니다. 한 번에, 한눈에 들어오는 전달을 원합니다. 기획서의 모든 문장은 두 번 읽지 않아도 이해가 되고 상황 파악이 가능해야 합니다. 게다가 **눈이든 입으로든 읽기가 수월**해야 합니다. 이러한 특징을 가진 문장을 '직설적 윤문'이라고 합니다.

먼저 윤문이란 윤택하게 흘러가는 문장을 말합니다. 문장을 윤택하게 만드는 여러 방법이 있지만 **'원활하고 매끄러운 이해'**에 방점을 두는 방법을 몇 가지 소개해 보겠습니다.

기본적인 조사는 살려두기

단어와 단어를 억지로 붙인 기계적인 이음 형태의 문장은 아주 좋지 않습니다. 기본적인 조사를 남겨두어야 읽기가 편합니다. 단어와 단어 사이에 맥락적인 연결을 해주는 조사가 살아있어야 소리 내어 읽기도 편하고 눈으로 확인하기에도 편합니다.

구체적인 수치도 기록하기

문장은 읽으면서 내용이 즉시 확인 가능해야 합니다. 경영진으로 하여금 **"얼마나?", "뭐가?"처럼 읽으면서 의구심이 들도록 해서는 안 됩니다.** 그래서 윤문을 아주 직설적으로 만들어야 합니다. 직설적 윤문이 되기 위해서는 메시지 전달에 필요한 핵심 수치나 구체적인 고유명사를 즉시 그리고 선명하게 기록해야 합니다.

"짧은 문장이 좋은 거 아닌가요?"라고 반문하는 경우가 있는데, 짧으면 뭐합니까? 이해가 안 되고 읽기가 어려운데요. 문장의 분량이 조금 늘어나더라도 본질이 정확해지는 것이 더 중요합니다.

아래의 직설적 윤문 사례를 확인하십시오.

직설적 윤문(최소 조사 유지+수치+구체화)

Before	After
시행, 평가, 개선 동시 진행	시행 이후 평가와 개선을 동시에 진행함
원료 수급 불안정, 고객 가격 횡포가 존재함	○○원료의 수급은 매우 불안정(50% 변폭)하고 ○○사의 가격횡포(납품가10% DC 요구)가 존재함
품질관리 복잡성 집중 개선및 공정 효율 확보가 필요함	품질관리 ○○절차의 복잡함을 ~까지 단순화(8개→3개)해야 하며 이를 통해 ○○공정 효율(수율 95%↑)을 확보해야 함
○○프로젝트 2단계임	○○프로젝트는 현재 ○○단계를 수행 중임 (전체 공정률 65%, 계획대비 10% 빠른 속도임)

2.
위계와 관계의 부여

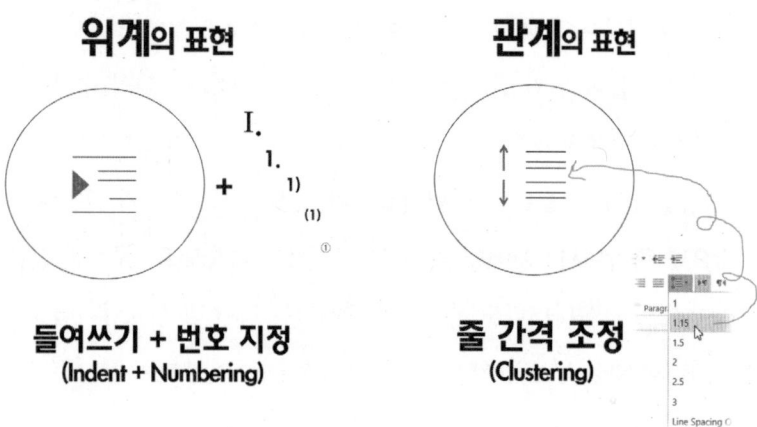

문장만 봐서는 안 됩니다. 각 문장끼리 서로 어떤 관계인지 눈으로 보여야 합니다. **각 문장들끼리는 서열, 즉 위계**Hierarchy**가 있습니다.** 어떤 문장이 대장이고 그 대장에 예속되어 있는 부연 설명의 문장이 무엇인지 눈으로 확인할 수 있도록 보여주어야 합니다. 그것은 오직 '들여쓰기Indent'를 통해서만 가능합니다.

들여쓰기와 함께 위계를 표현하는 또 다른 방법은 넘버링Numbering입니다. 넘버링은 각 메시지 덩어리마다 숫자를 붙여 위계를 표현하는 것으로 무엇이 더 상위 메시지인지를 직관적으로 알려줍니다.

보통은 'I → 1 → 1) → (1) → ①' 5단계로 표기를 달리하여 위계를 보여줍니다. (만약 첫 위계를 '1'에서 시작했다면 그 다음 위계는 '1)' 입니다.)

더불어 **문장의 위계와 동시에 관계도 보여 주어야** 마땅합니다. "각 문장은 누구랑 서로 더 친한가?", "큰 메시지 상에서 무엇과 무엇이 같은 부족인가?"를 눈으로 확인이 가능해야 합니다. '줄 간격 조정'을 통해 문장끼리 덩어리^{Clustering}를 지어 주어야 관계가 부각되어 보입니다.

3.
단락화/개조식 표현 + 종결어미 통일

기획서는 단순한 서술형 문장의 조합이 아닙니다. 다닥다닥 붙어 있는 텍스트는 읽는 사람에게 상당한 피로감을 줍니다. 문장을 단순 나열형이 아닌 따로 뜯어내서 낱개로 보여주는 '개조식 표현'은 무조건 적용되어야 합니다.

개조식 표현을 위한 물리적인 방법은 **글머리 기호**$^{Bullet Point}$의 활용입니다. 불릿 포인트의 주된 역할은 텍스트의 **시작점**을 알려주는 것과 다른 텍스트 간 **경계점**을 보여주는 것입니다. 따라서 글머리 기호는 텍스트 표현의 장식이므로 격식 있으면서도 눈에 띄어야 합니다. 아래는 적절한 사용 예시입니다.

피해야 할 Bullet Point	권장 Bullet Point
☐ 빈 Box형은 약해 보임 ■ 꽉 찬 Box형은 너무 무거움 ☞ 방향제시? 아무 의미 없음 ※ 그냥 당구장 표시, 각주에만 사용함 　＊ 당구장 표시의 변형 1 　❖ 당구장 표시의 변형 2 ★ ▶ ✓ 격식이 없어 보이거나 뭔가 아쉬움	■ 적절 크기의 네모 점, Box 아님 • 적절 크기의 원형 점 – 중간 정도 길이의 가로선

무조건적인 정답은 없지만 문장의 구분과 위계를 정확하고 격식 있게 보여주는 형태를 사용하면 좋겠습니다. 또한 보통 글머리 기호에도 위계가 있는데 '■'가 큰형님, '•'가 둘째 형님, '–'가 막내입니다.

불릿 포인트를 잘 활용하여 얻을 수 있는 장점은 다음과 같습니다.

- 긴 문장을 나누어 전달하기 때문에 가독성에 좋다.
- 복합적인 메시지를 낱개 목록으로 분리 제시하여 'One Sentece One Message'를 유지한다.
- 중요한 메시지, 상위 메시지를 부각시킬 수 있기 때문에 구조화된 표현이 가능하다.

단락화를 강하게 만드는 또 다른 방식은 단락별 소제목을 강하게 표기하는 것입니다.

*Title*은 더 크게, 강하게 부각

Title이 눈에 먼저 들어와야, 단락 덩어리를 가늠한다

Case A

1. 시행목적
    1) 핵심고객의 기호변화 포착 후 해당요구에 즉시 대응함
    2) 신상품의 시장투입시 위험감소를 위해 핵심고객의 요구를 직접 확인하고, 신상품 경향을 정확히 예견함
2. 시행가능성 조사
    1) 반경 1 Km거리에서 앙케이트 조사 (정량분석, 1차조사)를 실시함
    2) 9월이내 그룹 인터뷰 (정성분석)진행한 후 3분기 영업기획 회의에서 [안테나 샵 오픈 계획서]를 제출함

Case B

1. 시행목적
    1) 핵심고객의 기호변화 포착 후 해당요구에 즉시 대응함
    2) 신상품의 시장투입시 위험감소를 위해 핵심고객의 요구를 직접 확인하고, 신상품 경향을 정확히 예견함
2. 시행가능성 조사
    1) 반경 1 Km거리에서 앙케이트 조사 (정량분석, 1차조사)를 실시함
    2) 9월이내 그룹 인터뷰 (정성분석)진행한 후 3분기 영업기획 회의에서 [안테나 샵 오픈 계획서]를 제출함

이 사례처럼 '맑은 고딕이나 명조 계열'을 기본 문장에 활용하고 '견고딕'을 제목으로 사용하는 것을 권장합니다. **단락 타이틀이 강렬하게 부각되어야** 무엇이 제목인지, 무엇이 내용인지를 서체로 정확하게 구분해주기 때문입니다.

4.
종결어미 통일

문장의 종결어미는 동일한 형태를 유지하는 것이 좋습니다. 문장의 끝자리가 제각각으로 흩날리지 않고 통일된 모습이 있어야 문장이 절도 있게 보이고 리듬감이 부여됩니다. 이를 통해 훨씬 보기가 편하고 읽어나가기 편한 문장 상태가 가능합니다.

'~임', '~음', '~함' 형태의 종결어미는 문장을 간결하게 마무리하는 역할을 하여 딱 떨어지는 느낌을 줍니다. 또한 명사형으로 끝맺음을 통해 객관적인 사실을 선언하는 뉘앙스를 보여주기 때문에 활용을 권장합니다.

동사형 명사	임, 음, 함, 슴
함양	함양함
유도	유도함
추구	추구함
진행(완료되었을 경우) 진행(과정인 경우)	진행되었음 진행중임
도출	도출하였음
예정	예정임
시행 중	시행 중임

지금까지 설명한 '줄 간격 조정', '들여쓰기'를 통한 **위계와 관계** 표현, 불릿 포인트 사용을 통한 **단락화와 개조식 표현**, 그리고 **종결어미를 통일**하여 문장의 직독성이 높아진 사례를 보면 아래와 같습니다.

글자 폭탄

어떤 결론을 내리는데 있어서 근거가 될 수 있는 모든 사실을 통칭하여 데이터(또는 자료)라고 한다. 데이터는 숫자, 문자, 화상, 소리 등의 형태로 표현될 수 있지만 데이터 분석에서는 주로 수치 데이터를 대상으로 한다. 이렇게 어떤 현상에 대해 수치를 부여하는 과정을 '수치화'라고 한다.

공간과 리듬을 부여하여 직독성을 높인 상태

- **데이터의 정의**
  - '결론을 내리는 모든 과정에 근거가 되는 모든 사실'을 말함
  - 숫자, 문자, 화상, 소리 등의 다양한 형태임
- **데이터의 분석 대상**
  - 수치로 된 데이터 대상을 주로 진행함
  - 최근 문자, 소리를 분석하기도 함
- **데이터의 수치화**
  - 어떤 현상에 대해 수치를 부여하여 패턴화하는 과정을 '수치화'라고 함

- 줄 간격 조정 + 들여쓰기
- 단락화 + 개조식 표현
- 종결어미 통일
- 맥락적 줄 바꿈

5.
문어체 활용

당연히 쉽고 평이한 문장이 좋은 것입니다. 하지만 그렇다고 해서 유치한 단어를 써서는 안 됩니다. **격이 떨어지는 표현도 안 됩니다.** 문서에는 문어체文語體를 써야 합니다. 문어체는 글로 써지는 문체를 말합니다. 문어체의 반대는 구어체口語體로 평소 주변 사람들과 말로 하는 어투에 해당합니다.

구어체	문어체
이 방법이 ~때문에 좀 더 나을 것 같음	○○ 방안이 ~사유로 인해 더 효과적일 것으로 판단함
어떻게 하는지 알려주시기 바람	○○ 방법에 대해 안내해 주시기 바랍니다.
핵심을 좀 더 살리기 위해 바꿔야 함	핵심 메시지를 보다 명확히 전달할 수 있도록 조정이 필요함
이번 주 안에 끝낼 것임	금주 내 완료하겠음
말하다	언급하다, 설명하다
바꾸다	수정하다, 조정하다
괜찮다	적절하다, 타당하다 중임
알아보다	확인하다, 조사하다

최근 SNS나 카톡을 통해 텍스트 기반으로 말하듯이 대화를 나누다 보니 문서에도 이 어투를 그대로 유지하는 경우가 빈번합니다. 기획서는 단순히 글을 넘어서 격식을 갖춘 소통이자 서로 책임지기 위한 팩트 체크와 정리정돈의 흔적입니다. 프로끼리 주고받아 기록으로 남기는 서식에서는 대화형 구어체가 아닌 문어체가 사용되어야 하는 점을 잊지 마십시오.

6. 적절한 단어의 선택

기획서에서 표시되는 좋은 문장들은 그냥 뚝딱 나오지 않습니다. 생각나는 대로 단어를 타이핑하다 보면 원래 의도한 문장으로 만들어지지 못하고 뜻이 사라지거나, 핵심을 놓치거나, 삼천포로 빠지는 문장을 만들기 일쑤입니다.

가능하면 문장을 바로 작성하기 전에 핵심적인 메시지를 담고 있는 '키워드'를 우선 만들어 보는 것을 권장합니다. 이것이 바로 '문장의 어근語根/Root word'입니다. 그리고 이 키워드를 중심으로 하여 앞뒤로 부연 설명과 추가적인 단어를 붙여내면 원하는 문장을 좀 더 정확하게 구사할 수 있습니다.

즉 문장의 핵심이 되는 키워드를 잘 만들면 문장 또한 수월하게 나오게 됩니다. 다음 소개하는 표는 기획서 문장에서 자주 사용되는 비즈니스 단어들입니다. 이외에 본인의 업종에서 자주 사용하는 단어가 있다면 추가하여 본인만의 모음집^{Pool}을 만들 것을 권합니다.

고풍스러운 비즈니스 단어들

형용사	구분	동사형 명사	
		지향적인 (목표,목적)	개선적인 (과정, 수행)
목적관련 전략적, 계획적, 의도적, 종합적 공식적, 체계적, 성과지향적, 통합적, 실질적, 궁극적, 본격적, 유기적, ~를 기반(근간)으로 한, 확고한, 철저한, 유연한, 구조적 유효한, 효율적, 효과적, 공격적 의식적, 비약적, 선도적, 혁신적, 완만한, 정밀한, 적확한 **시간관련** 지속적, 장기적, 주기적 단기적, 영속적, 단발적 일시적, 급격한	Positive	성장, 제고, 정착, 구축, 함양, 고취, 발전, 강화, 보강, 상승 최적화, 가속화, 극대화 수렴, 활성화, 문제해결 수립, 창출, 획득, 추구, 마련, 제공, 도달, 달성, 쟁취 확산, 확보, 전파, 통합, 정복	진행, 도모, 촉진, 개선, 공유, 활용, 시도, 실시, 분류, 협업, 전개, 탐색, 기반, 필요 증대, 설계, 개발, 도출, 접목, 발굴, 배양, 가능, 적용, 육성, 검증, 제공, 준수, 정립, 함양, 유도, 발현, 투입, 도입, 인식, 습득 유지, 절감, 경쟁, 균형, 초월, 능가, 해소 증진, 회복, 분산, 안정, 연장, 전환, 측정 집중, 추진, 통제, 고려, 구조화, 발견, 배치 생성, 수렴, 안내, 연결, 요구, 재개, 진화, 채택, 확인, 지속, 보존, 보유, 간소화
	Negative	취약, 격차, 미흡, 하락, 최소화, 미달	감소, 제거, 제어, 축소, 저조, 편중 방지, 완화, 차단, 해체, 부족

이 비즈니스 단어들을 올바로 사용하기 위한 '문장 구사의 3단계'는 아래와 같습니다.

Step 1. 의도하는 문맥을 떠올리며 형용사와 동사형 명사를 하나씩 선정합니다.

Step 2. 선정한 두 단어로 '키워드' 즉 문장의 '핵심 단어'를 만듭니다.

Step 3. 관련된 상황이나 맥락을 '키워드' 앞뒤로 추가하여 문장을 완성합니다.

비즈니스 단어를 사용할 때는 조심해야 하는 것이 있습니다. 도출된 키워드끼리는 중복되어서는 안 됩니다. 키워드가 중복되어 있는 상태에서 문장을 따로 도출하면 만들어진 문장이 겹치고 뜻이 엉키기 시작합니다.

한 가지 더! **문장 속 형용사는 죄악**이라는 사실을 잊지 마십시오. 앞서 제시한 표의 형용사들은 어근語根/Root word에서만 활용되는 것이어야 합니다. 형용사가 문장에 그대로 쓰여져서는 안 됩니다. 예를 들어 '효율적 추진'이라는 단어를 본 경영진은 어떤 생각이 들까요?

"음~ '효율적 추진'이라⋯.

당신 말이야⋯ 이거 안하겠다는 얘기지? 실체가 없잖아."

효율적 추진이라는 게 도대체 뭐야?
그냥 열심히 닥치는 대로 열심히 해보겠다는 말과 뭐가 달라?
그냥 타고 넘어가려고, 무마하려고, 그냥 뭉개려고 쓰는 단어잖아.
맞지? 내 말이 틀려?"

본인이 경영진이라면 뜬구름 같은 단어가 빈번하게 나오는 기획서를 최종 책임지겠다는 결재를 할 수 있을까요? 효율적 추진은 어근일 뿐입니다. 문장으로 구사될 때에는 그 효율이 무엇이고 어떤 수준인지 추진의 세부 내용은 무엇이고 언제까지인지가 기록되어 있어야 합니다.

7.
군더더기 없는 문장

남이 쓴 문장을 읽을 때 이해가 잘 안 되고, 인지가 툭툭 걸려서 멈추는 현상이 있습니다. 이 현상의 대부분은 'Redundancy(의미 중복, 중언부언하는 표현)' 때문이라고 해도 과언이 아닙니다. 문장 속에서 무의미한 단어를 중복하면 오히려 뜻이 죽습니다. 아래 몇 가지 사례를 들어보면 바로 이해가 될 것입니다.

Before Redundancy 교정 전	After 최적의 문장은…
[전제 : SS그룹 회장님 대상 보고] **SS그룹 차원의 전사 마케팅팀 인재들의** **지속적인 업무 역량 향상과 현업 성과 개선을 위한** **교육과정을 실시/운영함**	**그룹 마케팅 역량 향상과** **성과 개선을 위한 교육을 실시함**

• 내부 보고에는 회사 이름 불필요 → 'SS' 삭제
• 없어도 되는 단어
 → '차원의', '전사', '팀 인재들의', '지속적인' 삭제
• 업무 vs. 역량 중복 → '업무' 삭제
  (역량은 당연히 업무를 기반으로 한 단어임)
• 현업 vs. 성과 중복 → '현업' 삭제
  (성과는 당연히 현업을 기반으로 한 단어임)
• 교육 vs. 과정 중복 → '과정' 삭제
• 실시 vs. 운영 중복 → '운영' 삭제
	(필요에 따라서는
	'역량 향상과'를 삭제해도
	문장의 뜻에 무리가 없음)

무의미한 의미 중복의 제거는 문장만이 아니고 기획서에 존재하는 모든 메시지 표현 방식인 도형이나 그래프 사용시에도 적용되어야 합니다. 노이즈가 사라진 기획서는 안개가 걷힌 맑은 하늘을 보는 것처럼 청명하고 시원해 보입니다. **경영진이 '문서를 짧게 쓰라'는 말은 양을 줄여달라는 요구도 있지만 군더더기를 최대한 빼라는 요구도 같이 있는 것임**을 생각해야 합니다.

문장을 점검할 때 가장 좋은 방식은 눈이 아닌 입과 손으로 출력물의 내용을 **소리 내어 읽는 것**입니다. 소리 내어 읽으면 머리 속에서 메타인지가 작동하여 물리적인 글자를 보는 것을 넘어서 전체적인 문맥을 볼 수 있습니다.

하수와 고수의 문장과 표현의 검토는 아래의 차이를 보입니다.

하수의 점검 방식	고수의 점검 방식
눈을 주로 쓴다.	머리와 입과 손을 동시에 쓴다.
모니터로 본다.	종이로 출력해서 입으로 소리 내어 읽어본다.
마우스로 드래그하면서 체크한다.	빨간 펜으로 조정 여부를 체크한다.
작성자의 입장을 유지한다.	경영진의 입장을 유지한다.
오탈자를 중심으로 본다.	메시지의 흐름을 위주로 본다. (오탈자는 기본 체크)
(수정 내용 발견 시) 즉시 바꾼다.	(수정 내용이 발견되어도 일단 표기 후) 나중에 한 번에 바꾼다.
Sentence by Sentence	기획서의 전체 맥락 점검 + Page by Page

사실 치명적 오류란 눈에 보이지 않습니다. **글자는 눈에 보이지만, 메시지는 눈에 보이지 않는 것입니다.** 기획서는 물리적으로는 글자와 숫자들의 집합이지만 화학적으로는 결국 메시지의 집합인 것입니다. 그래서 기획서의 표현을 검토할 때에는 머리를 써야 합니다. 머리를 쓰면서 기획서를 검토하기 위해서는 최적의 방법은 소리 내어 읽어보면서 메시지의 전후 흐름을 다시 한번 점검해보

는 것입니다.

만약 중요한 프레젠테이션을 준비하면서 리허설을 해본 적이 있다면 다음의 경험을 해 봤을 것입니다. 리허설을 하면서 입으로 설명을 하는 과정에서 "○○ 부분은 뭔가 내용이 빈약해", "○○ 부분에서 설명이 자꾸 반복되는 것 같아"라는 생각이 드는 경우가 있었을 것입니다. 입을 사용하여 말을 하다 보면 생각이 정리되고 메시지의 전후 구조를 통합적으로 볼 수 있게 됩니다.

고수는 기획서를 종이로 뽑아서 손으로 만져가면서
입을 사용하면서 생각을 정리하고 문장과 문맥을 가다듬습니다.

그리고 바로 그 자리에서 내용을 바꾸기보다는 빨간 펜으로 교정 여부를 표시만 해두고 기획서 전체를 검토하며 진도를 나갑니다. 바꾸는 작업은 마지막에 한 번에 합니다. 각 줄의 오탈자 잡는 데에만 집중하면 머릿속의 큰 그림을 잃기 때문에 최종 교정은 마지막에 한 번에 몰아서 하는 것이 현명합니다. 또한 빨간 펜을 스스로 잡는다는 것은 상당히 좋은 습관입니다. 스스로 경영진의 입장을 취하면서 아직 교정 여지가 남아 있다는 전제로 기획서를 최대한 객관적으로 보려고 하는 의지를 보이는 것은 아주 훌륭한 마인드입니다.

10

정보를 배열하여 전시하는 '표(테이블)'

SBS 〈생활의 달인〉에서 공간을 최대한 활용하여 물건을 차곡차곡 정리하는 비결이 방영된 적이 있습니다. 달인은 다음과 같은 멘트를 남겼습니다.

> "별거 없어요. 공간을 최대한 쪼개서 나누어 담으면 다 들어가요."
> "서랍의 공간도 하나가 아니에요. 쪼개면 열 개 이상의 공간이 나와요."
> "마구잡이 쑤셔 넣으면 부피만 차지하고, 공간이 죽어요"

기획서도 제한된 공간입니다. 아무렇게나 텍스트를 뿌리면 공간의 사각지대가 발생하여 쓰지도 못하는 황무지가 발생합니다. 제한된 면적을 최대한 쪼개어 쓰는 가장 좋은 방식은 '표(테이블, Box 처리)'입니다. 표만큼 효율화된 상태로 정갈하게 메시지를 정리하는 방법은 없습니다.

① 나열형 표현

2025년말 OO상품 판촉행사 결과보고

1. 실행 개요
   - 일 시 : '25.12.15 ~ '26.01.30
   - 장 소 : OO 지역
   - 대 상 : 해당지역 20~30대 / 223명
   - 주요 결과 / 만족도 (5.0만점)
     - 상품 만족도 : 4.37
     - 구매 전환율 : 4.45
     - 지인 추천도 : 4.78
   - 사용경비 : 9,978천원
     - 인당 : 44천원

→ 총 9~10 줄 사용

② 배열형 표현

2025 년말 OO상품 판촉행사 결과보고

1. 실행 개요

일시	장소	대상	만족도		사용 경비
'25.12.15 ~'26.01.30	OO지역	해당지역 20~30대 / 223명	상품 만족도	4.37	9,978천원 (인당44천원)
			구매 전환율	4.45	
			지인 추천도	4.78	

→ 총 4줄~5줄 사용

1번 사례는 표를 사용하지 않고 위해서 아래로 줄줄 써내려 간 방식입니다. 이렇게 쓰면 옆의 자투리 공간이 발생합니다. 자투리 공간에 다른 무엇을 넣을 수도 없고 그냥 면적의 낭비입니다. 이런 방식으로 작성하면 거의 9~10줄 정도를 소비하게 되고 A4 용지의 25%는 낭비됩니다. 뭔가 상당히 아쉽습니다. 이렇게 메시지를 뿌려 버리는 것을 '나열'형 표현이라고 부릅니다.

2번 사례는 동일한 내용을 표로 표현한 것입니다. 총 4~5줄 정도를 사용하였고, 면적 낭비가 거의 발생하지 않았습니다. 게다가 가독성까지 높아져서 내용을 읽어내기가 수월해집니다. 이렇게 구분하여 나누어 담은 표를 '배열'형 표현이라고 부릅니다.

나열List, Parade**과 배열**Arrange**은 분명 다릅니다.** 배열이 훨씬 더 직관적으로 메시지를 제시할 수 있는 고수의 표현입니다. 경영진은 기획서를 보자마자 구도와 흐름을 바로 이해할 수 있으면 큰 그림을 먼저 보고 대승적인 차원에서 문제가 없는지 체크하고 결재하게 됩니다. 반대로 기획서를 보자마자 하나하나 읽어야 하는 상황이 되면 큰 그림은 보지 못 하고 작은 것 하나를 붙잡는 피드백을 하게 됩니다.

표를 활용할 때에도 각 칸의 정렬이 필요합니다. 일반적으로는 **좌측 정렬이 기본**입니다. 각 칸에 정렬이 들어가면 '보이지 않는 선'이 생깁니다. 그러면 물리적인 세로 선을 줄일 수 있습니다. 다음 쪽의 사례를 보십시오.

1번 사례는 너무 정석적이고 뻔하면서도 답답한 느낌이 듭니다. 사방으로 꽉 막혀서입니다. 특히나 세로 선은 가급적 최소화하는 것이 필요합니다. 2번 사례는 좌측 정렬을 한 상태에서 세로선을 삭제했습니다. 정렬을 통해 '보이지 않는 선'이 만들어지면서 구조는 유지한 채 더 시원한 느낌을 줍니다.

1

	구분 1	구분 2
Item A	• Text • Text	• Text • Text
Item B	• Text • Text	• Text • Text
Item C	• Text • Text	• Text • Text

2

	구분 1	구분 2
Item A	• Text • Text	• Text • Text
Item B	• Text • Text	• Text • Text
Item C	• Text • Text	• Text • Text

단 **수치, 특히나 금액일 때**는 '**우측 정렬**'이어야 합니다. 금액 사용 내역에 대해서 보고를 받는 경영진이 가장 궁금해하는 것은 무엇일까요? "돈을 어디에 제일 많이 썼어?"입니다. 따라서 기획서 내에

항목별 사용 금액을 표시하는 방법은 '우측 정렬'이 정석입니다.

○○ 시행건 **비용사용 내역** 보고 (단위: 원)

① 가운데 정렬	② 우측 정렬
57,000	57,000
987,800	987,800
398,700	398,700
1,459,090	1,459,090
342,900	342,900
3,321,400	3,321,400
150,870	150,870
42,000	42,000
합계 : 6,759,760	합계 : 6,759,760

사용 금액을 보고하는 데 있어서 1번 사례는 '가운데 정렬'을 취했고, 2번 사례는 '우측 정렬'을 취했습니다. 1번 사례는 위아래로 몇 번의 시선이 움직여야 어떤 금액이 가장 많이 사용되었는지 알아볼 수 있습니다. 반면 2번 사례는 우측 정렬을 통해 금액 숫자들 중에 가장 많이 사용된 금액이 왼쪽으로 더 돌출되게 됩니다. 가장 많이 사용된 금액과 항목이 한눈에 들어옵니다. 이게 바로 **정렬을 통한 '직독성'**입니다.

금액을 비롯한 수치를 오른쪽 정렬을 하는 이유가 괜히 있는 게 아닙니다. 모두 직독성을 높이기 위한 지혜로운 편집 방식입니다.

생각해 보십시오. 인류는 기록의 역사가 2천 년이 넘었습니다. 다양한 시행착오 속에 지금 우리의 편집하는 방식이 정해진 것이고 널리 통용되고 있습니다.

들여쓰기, 줄 맞춤, 정렬 등의 편집은 어떻게 해야 뜻의 이해와 전달이 잘 될까를 고민했던 결과물들이라고 봐도 과언이 아닙니다. 누가 하라니까 하는 게 아니고 해야 하는 이유를 알고 나면 자발적으로 하게 됩니다.

또한 표의 축은 강하게 사용해야 합니다. **표의 표현은 좌표를 찍어주는 행위**이기 때문입니다. 즉 X축과 Y축이 교차하면서 해당 칸에 기록된 것이 무엇인지를 정확하게 전달할 수 있기 때문입니다.

하지만 많은 기획서에 활용된 표가 너무 일차원적으로 표기가 된 경우가 많습니다. 축이 강하게 부각되어야 직독성이 높은 표가 될 수 있다는 점을 잊지 마십시오.

다음 두 가지 사례를 보면 축의 강조가 있을 때와 없을 때의 확연한 차이를 볼 수 있습니다. 1번 사례는 거의 엑셀의 화면처럼 바둑판과 같습니다. 보기가 어렵지요. 2번 사례는 **축을 강하게 표기했으면서 중요한 셀을 부각**하는 처리까지 되어 훨씬 더 전달하고자 하는 내용을 한번에 알아볼 수 있습니다.

① 2026년 경쟁업체 OO상품 매출분석

회사명	Data 1	Data 2	Data 3	Data 4	Data 5
A회사	0.0	0.0	0.0	0.0	0.0
B회사	0.0	0.0	0.0	0.0	0.0
C회사	0.0	0.0	0.0	0.0	0.0
D회사	0.0	0.0	0.0	0.0	0.0
F회사	0.0	0.0	0.0	0.0	0.0

② 2026년 경쟁업체 OO상품 매출분석

회사명	Data 1	Data 2	Data 3	Data 4	Data 5
A회사	0.0	0.0	0.0	0.0	0.0
B회사	0.0	0.0	*0.0*	0.0	0.0
C회사	0.0	0.0	0.0	0.0	0.0
D회사	0.0	0.0	0.0	0.0	*0.0*
F회사	0.0	0.0	0.0	0.0	0.0

11

'표현' 단계에서 생성형 AI 활용하기

생성형 AI가 하루가 다르게 발달하고 있습니다. 하지만 기획서의 표현 단계에서 만큼은 마음에 쏙 들게 도와주는 생성형 AI를 아직 찾지 못했습니다.

"내가 원하는 건 이런 배치가 아닌데…"
"이 도형이 아니고 옆으로 흘러가는 도형이어야 하는데…"
"이 위로 그래프가 들어가야 하는데…"

생성형 AI에게 너무 많은 기대를 하지 말아야 합니다. **원하는 것**

이 있으면 본인이 직접 손을 대야 합니다. 기획서 표현 단계에서 만큼은 인간의 몫이 많습니다. "생성형 AI가 많이 도와주겠지"라는 무의미한 기대를 버리고 본인이 원하는 수준으로 조정하고 다듬겠다는 마음으로 임하기를 권합니다.

일반적으로 생성형 AI를 사용한 기획서의 표현 결과물은 둘 중 하나의 케이스에 들어갑니다. 그 내용을 다음 표로 정리했습니다.

첫째, 구체적이지만 보기 어려운 표현

둘째, 보기에는 쉬워도 구체적이지 못한 표현

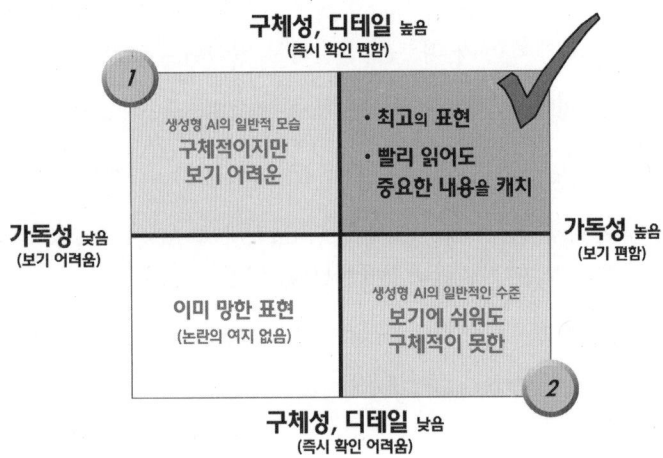

첫째, 구체적이지만 보기 어려운 표현

편집이 생략되어 일반적으로 빽빽한 문장 덩어리나 정렬이 없으면서 꽉 들어찬 숫자로 범벅된 표가 대표적인 사례입니다.

디테일하더라도 산만하거나 밀도가 높으면 전달력이 현저히 떨어집니다. 읽는 사람으로 하여금 상당한 에너지를 요구하는 이기적인 기획서는 무조건 망합니다. **팔려야만 상품입니다. 읽히지 않는 기획서는 상품성이 없는 것입니다.** 생성형 AI가 전달력이 높은 기획서 표현 작업에서는 아직 수준이 높지 않습니다. 출력물을 뽑아내는 것에만 강합니다. 인간의 정돈과 소프트한 터치가 반드시 필요합니다.

둘째, 보기에는 쉬워도 구체적이지 못한 표현

의미 없이 전개된 도형의 표현, 정확한 의도 파악과 직관적 확인이 불가능한 그래프, 메시지에 크게 연관 없어 보이는 이미지 등이 대표적인 사례입니다.

한눈에 보기에는 쉬워도 명확한 메시지가 드러나지 못하면 그것은 껍데기에 불과합니다. 생성형 AI의 결과물을 보면 그럴듯

한 결과물을 잘 내긴 하지만 구체적인 전달이나 기획자의 의도를 정확하게 부각시키는 미세한 작업을 하지는 못합니다. 기획자로서 중요한 내용을 부각시키고 명확함을 불어넣는 작업은 필수입니다.

아래 표는 각 표현 형태마다 생성형 AI가 할 수 있는 것과 인간이 보강하거나 직접 수행해야 하는 것을 구분해서 정리한 결과입니다.

검은색 별이 많을수록 생성형 AI를 잘 활용할 수 있으며
검은색 별이 적을수록 인간의 활동이 중요한 영역입니다.

구분	생성형 AI가 할 수 있는 것	인간이 해야 하는 것
문장 ★★★	· 문장의 추출 · 문장의 교정과 검수 · 단락 분량 줄이기 · Redundancy(의미 중복) 검수 · 핵심 단어 강조 · 어조, 뉘앙스 교정	· 문장의 전후 맥락 체크 · 문장의 순서 조정 · 중요 단어의 강조 여부 확인
제목 ★★★	· 제목 추출	· 제목의 구조 지정 · 제목의 적절성 확인
헤드라인 ★★★	· 각 단락, 전체 문서의 헤드라인 추출	· 헤드라인 구조와 내용 지정 · 헤드라인 적절성 확인

표 (테이블) ★☆☆	• 표의 1차 생성	• 표 내용의 적절성 확인 • 표의 표현 방식 점검, 강화 　(줄, 색상, 셀 부각 등)
이미지 ★★☆	• 이미지 생성	• 이미지 적절성 확인
도형 ☆☆☆	• 도형의 초안 작업 　(단, 아주 낮은 수준) • 도형에 들어갈 메시지 추출	• 도형의 직접 표현 및 조정 • 색상의 부여, Tone on Tone 조정
그래프 ☆☆☆	• 그래프 1차 생성 　(단, 아주 낮은 수준)	• 그래프 모양의 적합성 확인 • 중요한 포인트 강조 • 색상의 부여 • 그래프의 설명 메시지 보강
레이아웃 ☆☆☆	• 장표 작업시 레이아웃 1차 설정 　(단, 아주 낮은 수준)	• 정확한 레이아웃 지정 • 적절한 배치로 재조정
편집 ★☆☆	• 가벼운 문장 편집 가능 　(단, 아주 낮은 수준)	• 직독성을 높이는 대부분의 행위 • 줄 간격 조정 • 불릿 포인트의 점검 • 중요 단어, 단락 타이틀, 서체 보강 등

이 표를 보면 알겠지만 **기획서의 표현 단계에서는 인간의 몫이 훨씬 더 큽니다.** 쉽게 가는 길만 고집하다가는 앞서 진행했던 좋은 메시지와 논리가 사라진다는 점을 꼭 생각하시기 바랍니다.

각 표현의 형태마다 생성형 AI의 적절한 도움을 받기 위한 프롬프트 예시를 정리해 보았습니다. 예시를 그대로 쓰라는 것은 아닙니다. 어떻게 생성형 AI에게 지시하고 요청하는지 팁을 살펴보고, 본인만의 스타일을 찾아가기 바랍니다.

구분	적절한 프롬프트 예시
문장	• (지금까지 작성한 목차와 내용을 유지하되) 각 문장은 기본적인 조사가 들어간 윤문의 문어체로 만들고 문장의 끝자리는 임, 음, 함 같은 종결어미로 통일해줘. 문장은 소 타이틀과 이를 부연 설명하는 문장의 구조이면 좋겠어. 문장이 너무 길게 가지 않도록 한 문장에 한 메시지만 담기도록 하는 것이 중요해. 약 ○○ 페이지 정도의 분량이 되도록 보고서를 만들어줘
제목	• 이 보고서의 내용을 유지하되, 제목을 직시형으로 만들어줘, 제목에는 목적과 목표, 집중 실행 내용, 달성 목표가 구체적으로 들어가도록 작성해줘, 제목만 봐도 보고서의 내용을 확인할 수 있도록 하는 것이 목적이야. 예를 들어 보면, 공정 효율 5% 개선을 위한 포장 장비 교체, 50억 매출 달성을 위한 A회사와 제조 부문 신규 계약 등이 있어
헤드라인	• 전체 보고서의 헤드라인(Lead Message)을 만들 거야, 보고서 전체를 포괄하는 2~3줄의 문장이고 돈, 시장, 기술, 내외부 고객과 관련된 수치를 넣어줘, 헤드라인 문장은 배경과 목적, 실행, 최종 달성 목표가 들어가야 해. 예를 들면 "~한 문제를 해결하기 위하 ~을 집중 추진하여 ~까지 ~의 상태를 달성함" 이러한 문장이 될 수 있어. 이 보고서의 핵심을 관통하는 헤드라인을 만들어줘.
표 (테이블)	• 지금 ○○에 대한 내용은 문장보다는 표(테이블) 표현이 더 적절해, 가로축은 ○○, 세로축은 ○○로 지정해서 간결하게 표로 구성해줘, 각 칸에 들어가는 내용은 키워드가 되도록 해줘
이미지 도형 그래프	• ○○ 단락 내용에 적절한 이미지를 추천해줘. • ○○ 단락을 가장 잘 표현해주는 도형, 그래프를 추천해줘 직접 그리지 못한다면 올바른 표현 방식을 지정해줘

※ 레이아웃, 상세 편집 등에 대한 내용은 생성형 AI의 활용도가 낮아서 예시 프롬프트를 작성하지 않았음

에필로그
기획서는 실무자의 시그니처입니다

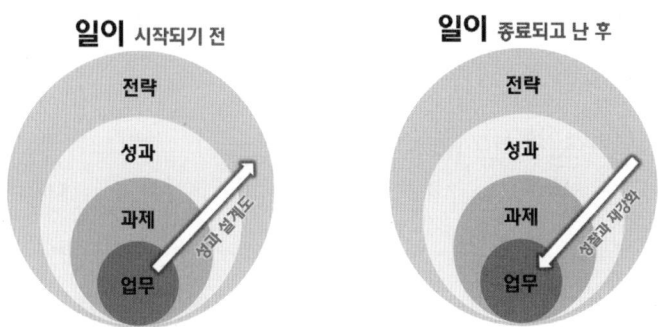

기획서는 설계도이자 결과물입니다.

좋은 기획서는 문서 몇 장으로 끝나지 않습니다. 그 안에는 문제를 바라보는 시각, 일의 본질을 해석하는 힘, 그리고 그 문제를 어떤 방식으로 풀어나갈 것인지에 대한 본인만의 일하는 철학이 담기게 됩니다. 그래서 기획서는 곧 당신의 자존심이 되고, 당신이 어떤 사람인지를 보여주는 시그니처가 됩니다.

기획서는 소통의 방식입니다.

기획서는 함께 일하고, 함께 움직이기 위한 도구입니다. 기획서는 단순히 행동이나 일정만 나열한 문서가 아니라, 상대방이 쉽게 이해하고 공감할 수 있도록 구성되어야 합니다. 그런 점에서 기획서는 조직의 소통 방식이기도 합니다.

더 나아가 기획서는 일하는 문화입니다.

우리는 일을 시작하기 전, 전략과 성과의 관점에서 전체를 바라봐야 합니다. 일이 끝난 후에는, 그 결과가 단순한 업무 수행이 아니라 어떤 전략적 기여를 했는지를 다시 정의해야 합니다. 이 흐름을 설계하고 연결하는 것이 바로 기획서의 본질입니다. 기획서를 잘 쓴다는 것은 단지 글을 잘 쓰는 것이 아니라, 문제를 꿰뚫어 보고, 길을 만들고, 사람을 움직이는 힘을 갖는 것입니다. 일하는 약속, 성과를 다루는 그 회사의 수준이 기획서에 그대로 투영됩니다.

기획서 작성을 즐기지는 않더라도 회피하지는 마십시오.

기획서를 쓰는 힘은 하루아침에 만들어지지 않습니다. 많이 보고, 많이 쓰고, 많이 피드백을 받아야 합니다. 힘들고 고된 작업이 맞습니다. 하지만 분명한 것은 이 과정을 통해 당신의 사고는 정교해지고, 조직은 당신의 목소리를 신뢰하게 됩니다. 잘 작성된 기획서는 당신이 '일을 설계할 줄 아는 사람'임을 증명해 줄 것입니다.

확실한 것은,
좋은 기획서가 다음 기회를 만들어 줄 수 있습니다.
좋은 기획서가 전문성을 드러내 줍니다.
기획서는 단순한 업무 결과물이 아닙니다.
기획서는 당신의 시그니처입니다.

단단한 기획

초판 1쇄 발행 2025년 9월 27일

지은이 박혁종

편집 윤소연
표지 디자인 스튜디오 사지
내지 디자인 공흥

마케팅 총괄 임동건
마케팅 안보라
경영지원 임정혁, 이지원

펴낸곳 플랜비디자인 | **펴낸이** 최익성
출판등록 제2016-000001호
주소 경기도 화성시 동탄첨단산업1로 27 동탄IX타워 A동 3210호

전화 031-8050-0508 | **팩스** 02-2179-8994
이메일 planbdesigncompany@gmail.com | **인스타** @planb_designcompany

ISBN 979-11-6832-210-3 (03320)

- 이 책 내용의 일부 또는 전부를 재사용하려면 반드시 저작권자와 플랜비디자인 양측의 동의를 받아야 합니다.
- 책값은 뒤표지에 있습니다.